看见思维的成长

在智力发展关键期塑造孩子的思考力

THE
INTELLECTUAL
LIVES
OF CHILDREN

［美］苏珊·恩格尔（Susan Engel）／著

刘清山／译

世界图书出版公司
北京·广州·上海·西安

图书在版编目（CIP）数据

看见思维的成长：在智力发展关键期塑造孩子的思考力 /（美）苏珊·恩格尔著；刘清山译 . — 北京：世界图书出版有限公司北京分公司，2022.9
（心世界）
ISBN 978-7-5192-9725-1

I. ①看… II. ①苏… ②刘… III. ①思维训练—儿童读物 IV. ① B80-49

中国版本图书馆 CIP 数据核字（2022）第 135722 号

THE INTELLECTUAL LIVES OF CHILDREN
by Susan Engel
Copyright © 2021 by the President and Fellows of Harvard College
Published by arrangement with Harvard University Press through Bardon-Chinese Media Agency
Simplified Chinese translation copyright © 2022 by East Babel (Beijing) Culture Media Co. Ltd (Babel Books)
ALL RIGHTS RESERVED

书　　名	看见思维的成长 KANJIAN SIWEI DE CHENGZHANG
著　　者	［美］苏珊·恩格尔
译　　者	刘清山
责任编辑	余守斌
特约编辑	董　桃　赵昕培
特约策划	巴别塔文化
出版发行	世界图书出版有限公司北京分公司
地　　址	北京市东城区朝内大街 137 号
邮　　编	100010
电　　话	010-64038355（发行）　64033507（总编室）
网　　址	http://www.wpcbj.com.cn
邮　　箱	wpcbjst@vip.163.com
销　　售	各地新华书店
印　　刷	天津鑫旭阳印刷有限公司
开　　本	880mm×1230mm　1/32
印　　张	8.25
字　　数	208 千字
版　　次	2022 年 11 月第 1 版
印　　次	2022 年 11 月第 1 次印刷
版权登记	01-2022-1981
国际书号	ISBN 978-7-5192-9725-1
定　　价	58.00 元

如有质量或印装问题，请拨打售后服务电话 010-82838515

目 录
CONTENTS

序　言 / 01

第一章　对全新世界的探寻　001

惊　奇 / 005

从惊奇到研究 / 009

儿童想知道什么 / 015

好奇心的产生 / 022

专业的力量 / 031

小小收藏家 / 043

上帝、性及其他 / 050

变熟悉为陌生 / 057

第二章　小小发明家　　063

最初的解决方案 / 069
旧工具与新工具 / 074
问题在哪儿 / 077
解决他人问题的能力 / 083
知识能否为发明提供帮助 / 086
向创新靠近 / 090
进步还是退步 / 096
什么在起作用？学会发现原因 / 102
模仿的价值 / 106
站在小小巨人的肩膀上 / 110
两个总比一个强 / 112

第三章　对抽象概念的认知　　119

思想是如何产生的 / 128
对"死亡"的探索 / 133

对"无穷"的探索 / 138
对"善良"的探索 / 147
智力工作的起伏 / 158
儿童对思想的思考 / 162
弗洛伊德的幽灵 / 184

第四章 思想工坊　　191

吸管和易拉罐拉环 / 195
街灯和灯泡 / 200

注　释 / 221
致　谢 / 241

序 言

我的母亲随和而慷慨，有人可能会说她豪爽。在我6岁时，她告诉我，我可以以她的名义在两家有声望的商店里赊账。第一家是在我们居住的农场小镇街边的小杂货店，我骑自行车去那里只需要4分钟。经过马铃薯地、猪圈、村庄的草地、墓地、我祖母海伦的农舍，我就会来到萨加波纳克杂货店。幸运的是，杂货店和我的学校——我上的一年级只有一间教室，红瓦屋顶——在同一条街上。我会骑自行车上下学。人们可以在杂货店里买到许多东西：鸡蛋、牛奶、培根、面包、洗衣粉、一次性尿布、博洛尼亚大红肠、芥末和薯片。我们的邮局也在这家店里，这里的父子俩既是邮局管理员，也是售货员。不过，对我来说，高耸而优雅的圆形玻璃罩下面的一分钱糖果的柜台才是最重要的。只要站在柜台外面用手指向你想要的糖果，希尔德雷思家的李先生或梅罗尔先生就会从里面把糖果取出来。李是一位爱发牢骚、缺乏耐心的老先生，虽然他并没有我当时认为的那样老。他的儿子梅罗尔是个开朗的家伙，宽以待人，让我们总是希望能在他的帮助下挑选糖果。能在离商店这么近的地方上学，我实在是太幸运了。午餐时间，我和朋友可以骑车过来，买一些糖果，然后迅速返回，这样就不会错过下午的课程。不过，我似乎是我们之中最幸运的。其他孩子会带着 25 美分和 10 美分的硬币——这些钱可以买到许多 Cow Tails（牛尾糖）、红鞋带糖、Tootsie Rolls（土特希卷）和 Heath 棒（喜滋棒，我特别喜欢）；而我只需要让梅罗尔和李把账记在我父母名下。我并不会比其他孩子买更多糖果，我只是对这件事更加投入、更加着迷。我喜欢记录不同糖果的所有细节，这和吃糖一样令人激动。我现在仍然拥有关于糖果的丰富知识。

不过，这不是我的母亲允许我随意购物的唯一地点。另一家基恩书店更棒，但要远一些。它位于大而热闹的南安普敦市，距离我家有 20 分钟车程。在 7～14 岁那段时间，我常常在星期六去南安普敦看望朋友。我的母亲会给我几小时的自由活动时间。我最常遇到的女孩是米歇尔·瓦赫拉迪安。她的父母在南安普敦开干洗店，因此我到的时候她已经在城里了。她母亲会给她 10 美元。在我看来，这是一笔巨款。她会购买微型玻璃动物雕像，我们会去 Sip'n Soda（西普索达）快餐店，喝酸橙利克饮料，吃汉堡包。因为我手头比较紧，米歇尔常常替我结账。我母亲只给我 3 美元，勉强够买我们喜爱的小玩意儿和零食。饭后，我们会顺着马路前往基恩书店。在那里，我会迷失自我。在我的

序　言

记忆中，基恩先生的皮肤松弛发红，长了许多麻子。他粗糙的白发像旧毛衣一样散在头皮上，走起路来蹒跚而笨拙，说话时声音沙哑。我敢肯定，他在书店里抽烟，这在当时是被允许的。除了爱书，他那暴躁的脾气也很出名，但他没对我发过火。我的到来一定使他很开心。我会带着罪恶的快感走进书店，就像一些人进入成人用品店时感受到的那样。我会径直走向书架上放着的儿童小说——《少女妙探》(Nancy Drew)、《借东西的小人》(The Borrowers)、《小公主》(A Little Princess)。有一天，我还幸运地看到了"纳尼亚传奇"(Chronicles of Narnia)系列全集。基恩通常会让我自己找书，然后像对待成年顾客一样，优雅地从我手中接过某本书，将书名、作者和价格记在账本上，并将其添加到我母亲的账单上。我母亲好像从来没有禁止过我买书。即使当我的兴趣转向基恩那批光面的大开本精装画册时，母亲的态度也没有变化。那个系列的每本书里都是不同的电影明星，每本价格在18美元左右。即使对于像我家这种住在宽敞的房子里、几乎每年都要外出旅行的家庭来说，买那些书也是一笔不小的花费。

天啊，我是多么渴望阅读这些书啊！海蒂·拉玛(Hedy Lamarr)、玛琳·黛德丽(Marlene Dietrich)、葛丽泰·嘉宝(Greta Garbo)、我喜欢了9年的克拉克·盖博(Clark Gable)——还有其他许多人，不胜枚举。不过，我并没有将它们一次全部买下来。也许，我知道母亲不会同意我这样做。相反，我会选择一本书，向往它一段时间，每个星期六前去翻阅。直到最后，当我感

/// 看见思维的成长

觉时机成熟时，我才会将其买下来。接着，我会重复这一过程，直到把另一本书买回家。基恩先生一定是每次只进几本书，因为有时我会一连几个月看不到新书。我会和米歇尔在店里闲逛，浏览其他区域的书籍，我对此已经很满足了。这时，爱发牢骚、声音沙哑的基恩先生会走过来，用在我听来有点儿羞怯的声音说："苏珊，我进了点儿新货。看看这个。"他从堆得又高又乱、占据书店大部分空间的无数书中拉出一本我之前从未见过的书——有一次是玛丽莲·梦露（Marilyn Monroe），另一次是丽塔·海华斯（Rita Hayworth），还有一次是加里·库珀（Gary Cooper）。我拿着新的宝贝，对它们垂涎三尺，慢慢翻动书页，对着好莱坞偶像最新的漂亮黑白照片惊叹不已。不过，照片并不是这些书的全部。这些书中有大量信息和故事，讲述了明星们在哪里长大、他们的童年怎样度过，以及他们怎样拿到了第一个角色。我对这些传记内容爱不释手。由于我有很大的买书自由，因此我最终拥有了一大堆精彩的书籍。我会一遍又一遍地阅读这些书籍，仔细研究书中的文字和照片。在每次重读时，我常常会关注某一种信息——有时是这些明星的成长过程，有时是他们的婚姻。我还记得，我曾在头脑中列出他们生活过的地点。我把这些信息组织成各种架构，创造了极为密集的知识网络。我甚至一度对每位明星的八卦逸事进行了小小的盘点。我还记得，珍·哈露（Jean Harlow）在第一次婚姻中受到的虐待给我留下了极为深刻的印象，把我吓得不轻。我敢肯定，当我躺在沙发上、在房子外面的草地上跑来跑去、照顾还是婴儿的妹妹时,没有人会意识到我脑子里正在回想这些事情。

很少有成年人认真考虑小孩子的关注点,这是不对的。这些早期智力探索是孩子在后来的人生中构建更强大、更成熟思想的第一步。而且,小孩子收集和重组信息片段的方式决定了他们成年后组合信息的方式。以鲍勃·卡恩斯(Bob Kearns)为例。一天,40岁出头的卡恩斯在家乡底特律开车时遇到红灯停了下来。当时下起了小雨,因此他打开了风挡雨刷。开关上只有两个选项,一个普通模式适用于阵雨,另一个快速模式适用于大雨。当时是小雨,挡风玻璃上只落了几滴雨点儿,因此他选择了普通模式。雨刷发出尖锐的响声,在挡风玻璃上缓慢拖动。卡恩斯的视线因此受到了很大影响,而且他的一只眼睛还存在视力障碍。多年前,在新婚之夜,在他拔香槟木塞时,塞子直接向他的脸飞去。他下意识地眨了一下眼睛,因此木塞打在了眼皮上——否则,他可能已经失去了那只眼睛。车外面下着雨,他停在红灯路口前,回想起了那天晚上发生在酒店里的事情,心里冒出了一个问题:"为什么风挡雨刷不能像眼睛那样工作?"最终,这个意想不到的问题使他发明了间歇式雨刷。现在,这种设备已经无处不在,你甚至不会意识到它的存在。它使卡恩斯赚到了几百万美元,也使汽车行业多赚了几百万美元。今天的人们已经不敢想象购买的是没有间歇式雨刷的汽车。当记者乔希·西布鲁克(Josh Seabrook)报道卡恩斯时,他形容这一思想是"灵光乍现"。[1]不过，不是只有天才才有奇思妙想，任何人都可以有。奇思妙想没有固定的形式。而且，它们根本不是乍现的灵光，而是知识收集和组织过程的顶点，是持续数日/数月/数年思考某个问题或可能性、重组某个思想拼图的碎片和完善智力方案的结果。产生这些思想所需要的能力和性格是在多年前的童年早期扎根的。

那些关于好莱坞明星的精彩图书为我提供了最早的智力项目，尽管我当时没有意识到这一点。这是一项曲折的工程。我不断分类、组织和琢磨的知识并没有具体用途。我不是在回答关于电影明星的某个具体问题，我也不想模仿那些漂亮的演员。实际上，他们的许多故事让我有点儿恶心，像那种撒了霓虹粉色薄片的蛋糕，虽然不太好看，但一直很诱人。我也不是为了制作剪贴簿、拼贴画或者撰写剧本而收集素材。我当然也不是在学习可以用在学校里的新知识。

真相是，我这么做纯粹是为了好玩儿。我是个在知识中纵情享乐的人。不过，不是所有孩子都这么轻浮。一些人进行了更加严肃的思考。当博扬·斯莱特（Boyan Slat）只有十几岁时，他了解到了一些令他非常担忧的事情。全世界每年都会制造超过3亿吨塑料，其中许多塑料最终进入了河流、湖泊和海洋。根据当前趋势，在斯莱特的有生之年，海洋将被塞满塑料，水质也会恶化，这使他大为震惊。更糟糕的是他收到的反馈。他向成年人（包括科学家和环保主义者）提出了这个问题，但他们无奈地说，这个问题没有很好的解决方案。他16岁那年去希腊开始水肺潜水旅行。当时，斯莱特真切地感受到了问题的严重性。当他在开放水域潜泳时，他发现身边漂过的塑料比海洋生物多得多，海洋中充满了垃圾。不过，在又深又暗的潜流中，给他带来鲜明印象的不仅仅是这个问题，他还想出了一个可能的解决方案：

> 我当时想，如果海洋能向你移动，为什么还要在海洋中穿行呢？你可以直接等着塑料向你漂来，不需要去海洋里收集塑料，或消耗额外的能量。你可以用一排浮动障碍物捕捉垃圾并将其集中起来，之后利用一个平台高效地提取塑料。洋流可以带着海洋生物从这些障碍物下面通过，避免它们被误捕。这个想法很巧妙。不过，当我受邀在荷兰代尔夫特的 TEDx 大会① 会场讲解这一概念时，我所讲解的也仅仅是这个概念而已。²

斯莱特关注某个问题和思考新奇解决方案的能力并不是在他进入青春期之后凭空产生的。在他关注迫在眉睫的海洋灾难之前很久，他就开始设计其他问题的解决方案了。作为独生子，他用了大把的时间制作和发明东西。他喜欢用木头制作各种物品，用

---

① TED 全称为 technology, entertainment, design，是美国的一家私有非营利机构，致力于研究和发现 "值得传播的想法"。x 代表各个地区独立组织的 TED 活动，所以 TEDx 是 TED 本土化的一个项目，鼓励世界各地自行组织活动。——编者注

家里的日常用品组装各种设备。他在只有两岁时就制作了一把椅子。后来，他建造了自己的树屋，还修了索道。在他的头脑中，他的发明与有趣的挑战相联系。14岁时，他决定打破发射水火箭数量的世界纪录。同时发射213枚水火箭让他在《吉尼斯世界纪录大全》(*Guinness Book of World Records*) 中占据了一席之地。凭借众多技能，年轻的斯莱特成了媒体关注的焦点和成年人羡慕的对象。他的吉尼斯纪录和他在TEDx大会上备受称赞的演讲体现了他巨大的积极性、极高的智力和浓厚的创业兴趣——他还有着蓬松迷人的头发、表达个人思想时的优雅气质以及他用荷兰乡土口音讲的一口漂亮的英语。所有这些特质使他成了出类拔萃的年轻人，但同时也掩盖了最有趣、最重要的事情：斯莱特之所以从思维活跃的幼儿成长为生态创业者，是因为他花了大量的时间去寻找需要解决的难题并想出了解决办法。儿时的具体兴趣和消遣未必预示着成年后的创新领域是什么。斯莱特在16岁之前可能从未想过海洋污染问题，卡恩斯小时候对风挡雨刷大概也不感兴趣，但在儿时构建这些思想的过程才是最重要的。

一个孩子可能异常优秀、充满自信，或者有一个重视思考的家庭。一些孩子具备了所有这些优势，比如斯莱特，不过大多数孩子没有这样的条件。根据定义，大多数孩子拥有普通的智力水平（智商处于85～115）和中等程度的积极性。只有相对较少的孩子能够参与到成年人对思想和发明的讨论中，有机会对自己的智力体系和想法加以拓展的孩子就更少了。不过，出众的能力和意外的机遇并不是幼儿和学龄前儿童成长为能够进行思想研究的儿童和成年人的必要条件,孩子为思考这些想法投入和被鼓励投入的时间和注意力更为重要。每个孩子都可以认识到,建立思想就像捏橡皮泥一样真实、轻松和有趣,它始于收集信息的机会——不管这些信息是涉及糖果、电影明星还是海洋。它始于每个厨房、每条人行道和每所幼儿园。

儿童被忽视的思想

当孩子忙着收集信息、揣摩事情、预测世界时,他们身边的大人基本上不会觉察到孩子的这些心理活动。许多时候,他们觉得小孩子根本没有思想。他们关注孩子是否正在学习良好的举止、是否正在获取技能和知识、是否感到快乐,但是很少考虑孩子的思想或者吸引他们的谜题。

只要你在美国几乎任何一所中小学坐上20分钟,你就会清晰认识到教育系统并不关心孩子的智力生活。这很讽刺,因为人类的存在是由人们所拥有的思想定义和塑造的。洗牙器、隐形眼镜和短信大大提高了许多人的生活质量。心理治疗、女权运动、篮球、"零"的概念、社会保障制度和普赖斯公式(Price

Equation）①也是如此。

一些思想可以解决问题，还有一些思想可以解释现象。例如，1976年，生物学家理查德·道金斯（Richard Dawkins）出版了《自私的基因》(*The Selfish Gene*)一书，阐释了他对自然选择的看法。这本书解释了基因而非生物体是如何自我复制、产生各种行为/特征的，比如四肢长度、眼睛颜色、狩猎模式、求偶仪式和对食物的品味——类似的例子还有很多。道金斯并不是在简单地复述达尔文的进化论。这是一种新思想，它像野火一样传播开来。道金斯还发现了许多无法用基因解释的文化相似性，它们可能与人类生理特征无关。例如，为什么许多美国人会唱欧文·伯林（Irving Berlin）的《生日快乐》(*Happy Birthday*)、系领带、和新认识的朋友握手？这类遗传行为可能随时间发生细微变化，最终被其他行为取代。道金斯认为，这些行为与基因遵循相同的模式，它们会自我复制，而且会在大环境的选择压力和随机突变的共同作用下发生变化。道金斯将这些行为称为模因（meme）②，即文化基因。[3] 他的思想极具影响力，只要你向40岁以下的人询问什么是模因，对方就会立刻提到社交网络上流行的图片和视频。道金斯提出的基因驱动生物改变、模因驱动文化改

---

① 美国遗传学家乔治·普赖斯（George Price）发明的一个公式，旨在描述群体的遗传进化特征。
② 道金斯创造的词，表达作为一种文化传播单位或模仿单位的概念，出自希腊词词根mimeme，并选取了与gene形似的部分meme，也译作觅母、谜米、文化基因等。——编者注

变的观点现在已经变得比以往任何时候都更加贴切。不过,当他提出模因思想时,他并不是想要解决某个具体问题。他只是想解释一件事,即无法由基因导致的行为转变。人们提出各种思想不仅是为了解决疾病、不平等、低效、无聊等问题,也常常是为了解释他们不太理解的现象。

凭借决策理论获得 2002 年诺贝尔经济学奖的丹尼尔·卡尼曼(Daniel Kahneman)最初只是发现了一个问题:为什么即使制订良好决策所需要的信息就在眼前,人们仍然常常会做出糟糕的决策?[4] 类似地,莱昂·费斯汀格(Leon Festinger)提出了认知失调(cognitive dissonance)概念,以解释为什么即使有明确的证据证明一个观点是错误的,人们也常常继续坚持这个错误观点。[5] 克劳德·斯蒂尔(Claude Steele)发现,"刻板印象威胁"(stereotype threat)可以解释黑人学生在智力水平测试中表现不佳这一令人困惑的现象。[6] 在所有这些例子中,人们提出的新思想可以解释之前无法解释的事情。这些理论极为强势,广为流传,我们甚至无法再意识到它们只是一些想法。例如,记者斯蒂芬·梅特卡夫(Stephen Metcalf)将新自由主义称为"吞没世界的思想",认为它在不知不觉中影响了我们日常生活的方方面面。[7] 总之,我们的日常生活依赖于过去和现在的各种奇思妙想。

当然,并不是所有思想都是有益的,有害的思想也有很多。有些思想无法自圆其说,或者无法很好地解释现象;有些思想制造的问题比它们解决的问题还要严重。其中,最典型的例子包括监禁、保鲜膜和下渗经济学（trickle-down economics）[1]。不过，本书的主题不是好思想和坏思想的对比，而是产生思想的过程。这个过程比某个特定思想的优劣更重要，具有更强的心理学意义。不管是健康保险、民主，还是微型飞机，任何思想都只是思维过程的最终结果。这种思维过程在每个人每天醒着的生活中不断起伏，可能很不规则。每个人都会时不时产生某种思想——杂货店里货物的不同摆放方式、更好的总统选举方法、关于为何每个家庭都有捣乱者的新见解。到了6岁，几乎所有孩子都获得了构建思想的必要材料。不过，到了8岁，构建大量思想的孩子已经越来越少了。只要调查一下从幼儿园开始的几乎所有公立学校的课堂作品，你就会认识到这一点。你可以找到许多证据证明学生在锻炼某些技能、获取某些知识，但你几乎看不到他们在追求个人原创思想和研究自己感兴趣的现有思想方面获得时间、支持和指导的迹象。本书讲述的就是这一过程及其意义。

在整个职业生涯中，我一直在观察孩子，试图弄清他们在想什么。我自己也养育了3个孩子。我从一开始就明显意识到，小孩子做游戏、表达情感和编故事的方式有许多值得研究的地方。我在很长时间里一直对他们的反应和问题很感兴趣。不过，直到50多岁，我才意识到他们也在追求思想。有两件事使我意识到了

---

[1] 又译作涓滴经济学、渗滴式经济学或滴漏经济学等，描述给富人减税可惠及穷人的主张，含贬义，多用于讽刺。——编者注

这一点。

第一件事发生在我研究儿童好奇心的时候。我开始注意到，几乎所有对儿童探索行为的研究都在关注单一时刻，比如孩子对在西兰花上爬行的蠕虫感到吃惊、对伤口上的结痂产生兴趣，或者对太阳在夜晚的去向感到困惑。关于好奇心的各项研究反映了这一现象的短期性、情境式的视角。我们这些研究人员想办法（比如给他们装有奇怪物体的盒子、让他们观看之前没见过的事物的电影片段）给孩子带来惊吓，然后观察这些被试的反应。[8] 我们集体建立的认知模式认为孩子的好奇心总是短暂的，只能被发生在当下的事物激起。不过，我在观察中发现了完全不同的现象。我不止一次发现，孩子们会坚持寻找关于某一主题的更多信息。有时，他们探索的是具体事物，比如卡车、青蛙和公主；有时，他们会研究更加抽象的问题，比如礼貌、存在和力量。在我看来，小孩子的头脑中装着一些大问题，但我们很少关注这些问题以及他们寻找答案的过程。

在我研究好奇心的同一时期，我也开始在中小学开展教育工作。在那里，我花了很长时间观察小学生、家长、教师和管理者。我仔细倾听每个人谈论的各种话题。在某个时候，我开始注意到，成年人从未提及孩子的思想。他们讨论学生的家庭生活和健康问题；他们花费大量时间努力提高学生的自控力、考试成绩、心理健康和学习动力；他们指出哪些学生很成功、哪些学生正在陷入麻烦。不过，我从未听到任何教育工作者讨论学生在想什么。在寻找最近的探索小孩子和大孩子的思想的教育文章时，我一无所获。我开始意识到，成年人在很大程度上忽视了孩子的智力生活。

这个盲点很奇怪，因为当学生进入十年级时，我们会要求他们解释战争、演化和均值回归等概念。一些教师甚至要求学生提出在历史、文学、科学和数学方面的个人观点。成年人似乎认为，当学生进入中学时，他们会突然像被施了魔法一样获得探索思想的能力，这令我很吃惊。这种想法没有道理。我们难道不应该弄清他们之前拥有什么思想吗？我们难道不应该弄清哪些经历有助于这种智力活动吗？幸运的是，我意识到心理学家已经收集了许多可以解释孩子智力生活的数据，我们只需要以新的方式将过去的研究整合起来。本书讲述的就是小孩子头脑里发生的事情，也讨论了在孩子成长过程中使他们拥有更多更好思想的对话、消遣和经历。

我对加里·库珀和珍·哈露那些光鲜照片的着迷只是开始，不是结束。当我 13 岁时，一位英语老师给了我一本托马斯·哈代（Thomas Hardy）的《德伯家的苔丝》（*Tess of the D'Urbervilles*）。这本书文风晦涩，主题远远超出了我在青春期早期的经历。天晓得这位老师是怎样通过敏锐的直觉发现我会喜欢这本书的。我确实很喜欢这本书。之后的几个星期，我会在晚饭后离开餐桌，蜷进沙发里，埋头于书本之中，为书中关于田园生活的描述兴奋不已，为苔丝和安玑之间阴差阳错的爱情而肝肠寸断。生物、代数和历史被我抛在了一边。《还乡》(*The Return of the Native*)、《卡斯特桥市长》(*The Mayor of Casterbridge*)和《远离尘嚣》(*Far from the Madding Crowd*)成了我生活中的重点。我第二次兴奋地意识到,好书是读不完的,我不必为一本书的结束而遗憾不已。

就在那段时间,我每两个月去见一次住在纽约市的生父。饭后,我们在客厅落座。他向一位宴会宾客无意间提到他刚刚重读了亨利·詹姆斯(Henry James)的《林中野兽》(*The Beast in the Jungle*)。他略微沉思后说道:"我总是觉得这个故事讲的其实是被压抑的性欲。你知道,猛兽指的是生殖器,丛林指的是阴毛。"这种直率的说法并没有使我感到吃惊。这是他的风格。真正令我吃惊的是他轻松愉快地提出新思想的方式,仿佛尝试新的文学诠释和提议晚上吃米饭而不吃面条没有什么区别。直到多年以后,我才意识到,听父母提出新思想跟观看父母烤蛋糕、修理破损机器类似,是做成年人的事情、了解成年人眼中哪些活动有价值的机会。

3月,给我《德伯家的苔丝》的那位感觉敏锐、思维活跃的英语老师认为我学习写作的时机成熟了。她建议我从哈代的小说中选择一个主题,写一篇"大型"文章。当时,最让我感兴趣的不是书,而是我在几个月前终于出现的例假。我的外表当时仍然像小女孩,因此我觉得行经是一种巨大的成就。我一直在思考爱情,尽管我在很久以后才拥有自己的爱情。所以,当老师要求我写关于哈代的文章时,爱情这一主题像电影广告牌一样出现在我的脑海里。我告诉老师，我会关注哈代用自然谈论性的方式。我依稀记得，老师当时露出了诧异的微笑。我的话听上去一定很可笑，一个还没有完全摆脱稚气的柔弱女生竟然选择了这样一个主题。不过，老师没有显露出一丝轻蔑和反对。她愉快地说："听上去不错。"

现在回想这篇文章，我会有点儿难为情。不过，我还清晰记得写作此文的过程。我努力研究如何把我的主题分解成不同部分。我花了很长时间去决定这些部分的顺序。我还记得，老师当时曾问我，我是想把这些思想按照它们发生的顺序写出来还是使用其他顺序。我还能改变顺序？这真是一大启发。最让我记忆犹新的是我重新翻阅小说时的激动心情。我需要找到某些段落以支持我的假设。在写作过程中，我还在不断涌现出新思想，我现在还记得当时的喜悦。我的思想是有生命的！

第一章
对全新世界的探寻

为什么不管我走到哪儿，都有事情发生？

——一位 4 岁儿童，来自儿童语言数据交换系统（Child Language Data Exchange System, CHILDES）的对话档案

▼
▼ ▼
▽

　　第一片叶子很大，呈朱红色，它比阿迪的手掌还要大。阿迪两只手并排在一起也没有这片叶子宽。从大小和形状来看，阿迪的手不适合携带这件宝物，她的手指太粗太短了。她无法在不捏碎叶子的情况下抓住它。幸运的是，叶子上类似于手柄的长长的、柔软的茎很容易抓握。这条茎像脊柱一样从叶子中间穿过。叶脉向两边延伸，几乎一直到达叶子的边缘，同时似乎也在逐渐变细。阿迪没有花费太多时间观赏这片叶子。她想继续走路——与其说走路不如说是小跑，这是她跟上同伴的唯一方式，因为同伴的腿比她长很多。她攥着叶子的茎，踉跄地向前奔跑，闪光的叶片像小旗子一样在微风中飘扬。一棵棵树的树干高高地耸立在她周围。在她看来，这些树木直达天际。不过，她并不经常抬头。她在留心观察周围的地面。其他人注意到，她似乎在带着很强的目标向前走，尽管他们不清

第一章 对全新世界的探寻

楚这个目标是什么。其他人只是沿着一条老路，围着一片小湖转圈。他们最终会回到出发点。为什么阿迪像有急事一样大步前进呢？她到底在想什么？

走了两分钟后，阿迪蹲了下来，贴近地面。她不再需要走很远的路。她轻巧地伸出手，捡起了另一片落叶。这是一片鲜艳的深红色叶子。地面是湿的，因此叶子也有点儿湿。阿迪毫不犹豫地端详起这片叶子，和另一只手中原来的那片叶子一起。经过几秒钟的深思，她果断地把第二片叶子扔回地面，站起身，继续向前小跑。跑了15米左右，她发现了另一片叶子，再次蹲下来，举起新叶子，对两片叶子进行仔细审查，然后再次将新叶子扔掉。当三位徒步旅行者——两岁的阿迪和两个成年人——绕湖一周时，她已将原来的叶子与其他18片叶子进行了比较，认为最初那片又大又漂亮的橙红色叶子是最好的。

不过，她还保留了一片深红色的叶子。它比第一片叶子小，但同样具有完美的形状。当阿迪被放进汽车座位上并被系好安全带时，她两只胖乎乎的小拳头各攥着一根叶茎，来回欣赏两片叶子，在汽车驶向家里时一直如此。她还不到3岁，但是已经拥有了一份收藏品。不过，她这种细致比较和研究的开端始于两年前她刚刚出生的时候。

惊　奇

婴儿天生带有新奇探测器，几乎从出生时起，他们就会注意到进入视觉和听觉范围的一切新事物和新事件。研究显示，婴儿在子宫里已经熟悉了母亲的说话语气和语调。出生后不久，当照料者以外的人和他们说话时，大多数婴儿会开始做出不同的反应。几个月后，只要看到之前没见过的事物，他们的心率就会发生变化，呼吸会加速，汗液分泌也会增加——这都是他们集中注意力的迹象。让婴儿看屏幕上某个人的一系列面部照片，他们很快就会感到厌倦。他们很容易熟悉这张脸，然后对它失去兴趣。不过，如果给他们看另一个人的脸，他们就会端详上几秒钟。[1]他们会注意到差异。他们不只是在探测新奇事物，这只是起点。

婴儿会在本能驱使下研究不熟悉的物体、人和事件，以便将新事物转化为熟悉的事物。他们会用更长的时间去看他们之前从未见过的图形和图像。他们全神贯注地观察和倾听新现象，直到某件事情不再使他们感到吃惊。不过,他们很快就会摆脱耳朵和眼睛的束缚。他们会迅速将触摸、抓握、舔舐和品尝纳入到探索技能中。到了几个月大的时候,他们会手抓脚踢,乱捶乱晃,以发现新事物的特征。

婴儿不仅对不熟悉的事物拥有敏感的雷达,而且具有强烈的冲动去研究他们遇到的任何感到意外的事与物。这是他们用一切探索策略减少不确定性的方式。由于婴幼儿在日常生活中不断面对新的画面和声音,因此他们几乎一直在依靠这两种强大的智力工具。他们的生活充满了研究,这对他们的成长是否重要?

要回答这个问题,你只需要注意新生婴儿和幼儿之间最明显的差异。其他哺乳动物的幼崽出生后几个小时就可以走路和进食。从这一标准来看,人类的婴儿似乎很可怜,毫无自理能力。不过,到了3岁时,人类可以掌握一系列令人眼花缭乱的知识和技能,这是最聪明的狗、老鼠和猪都无法企及的。新生儿会哭闹,发出没有意识的噪声;正常的3岁儿童能说出完整的句子,进行复杂的对话,谈论过去和未来,讲述包含人物、情节和惊人结尾的复杂故事。新生儿只能观看、倾听和抓握;3岁儿童可以拆卸和组装玩具、搭积木、演戏、画画。新生儿常常以看似模糊而不连续的方式表现对周围事物的兴趣,在父亲和他们说话时露出愉快的笑容,或者在陌生人走近时发出代表恐惧的哭声;到了3岁时,他们已经掌握了许多社交技能,知道某人的行为什么时候是假装的、什么时候是真的,知道如何说服别人和撒谎,知道

第一章 对全新世界的探寻

家人和外人的区别，而且可能掌握关于社交规范和禁忌的大量词汇。幼儿还拥有惊人的编排能力——他们知道早餐会吃什么、狗会有怎样的行为、前往杂货店意味着什么、前往日托中心会经过哪里——至少，他们对出现在日常生活中的数千个人、物和事件拥有一定印象。[2] 为什么他们人生最初几年掌握知识的速度和范围惊人？驱动这台超级学习机器的发动机是什么呢？答案在于儿童对减少不确定性和解释意外事件的迫切需要。惊奇和对弄清事实真相的强烈需要可以解释只会打嗝、咯咯笑、踢腿和哭泣的无助婴儿是如何在短短3年时间里成为精明的社会成员的。好奇心这一心理基础可以说是几乎所有正常发育的儿童轻松获取大量知识和技能的原因。[3]

不过，源源不断的惊奇和神秘感不会永远持续下去。到了3岁时，儿童已经拥有了关于日常生活和环境的大量实用知识。对他们来说，许多事情已经变得非常熟悉了，比如早餐桌上会出现什么、家庭成员通常会有哪些行为和语言、他们在杂货店里会看到什么、洗澡包括哪些内容、过生日包含哪些流程。此时，大多数儿童的精神生活会发生微妙而深刻的变化。他们开始主动选择自己想要注意和研究的奇特事物。日常生活成了独特事件和事物的熟悉背景，而这些独特事件和事物需要进一步的解释和掌握。例如，假设一个18个月大的孩子第一次去动物园，对他而言，许多事情可能具有同样的吸引力——爷爷购买门票时进入的售票亭，在水池里潜水、跳跃、撞向岩壁的海豹，由于冰激凌蛋卷掉落而大哭的孩子，正在啄一小块儿垃圾的鸽子，面色严肃地坐在围栏里、怒目盯着小观众的大猩猩。也许，这个孩子最感兴趣的是他在灵长类动物馆入口处跳过的水坑。现在，想象这个孩子两年后的样子。他已经习惯了动物园里的许多事情——售票亭、鸽子（如果它还住在那里的话）、水坑、其他哭泣的小朋友。一些事情可能不会在他的日常生活中经常出现，不过他去过动物园很多次，看过关于动物的图书，在电影、电视剧和视频中看过海豹、大猩猩和当地没有的其他动物的许多真实镜头。此时，什么事情能使他感到足够吃惊，能使他凝视、观察、提问或者进行其他研究呢？这在一定程度上取决于他自己的独特兴趣。

从惊奇到研究

到了 4 岁，日常生活几乎不会使儿童感到吃惊了，也很少会使他们产生好奇。此时，儿童已经有点儿挑剔了。他们开始更加积极地判断日常生活中哪些事情可以跳过、哪些事情值得关注。虽然几乎所有 18 个月大的孩子都会对一天中的大多数事情很好奇，但 4 岁儿童可能会对日常生活中的许多事情感到厌倦。他们和我们这些大人一样，认为午餐、幼儿园之旅、奶奶的经常到访和家里宠物的习惯是很无聊的事情——只有当它们出现异常或者突然消失时，我们才会感到吃惊。在这个时期，日常生活变得很普通，大多数儿童培养出了非常独特的兴趣。有的孩子迷上了虫子，有的孩子喜欢观看和倾听人们相互嘲笑和打斗的场景，有的孩子迷上了小玩意儿、机器和拼图等机械事物。当然，孩子的兴趣并不总是很明显。只要有一个孩子宣称自己喜欢恐龙，就会有另一个孩子拥有更加微妙隐秘的兴趣，比如关注小东西组合在一起的方式,或者认真倾听他人使用的词语、迅速掌握他们之前从未听过的新奇有趣的词汇。不过,不管他们的兴趣是清晰明显的,还是隐藏在表象之下,这些兴趣都是他们每天生活的引导力量。

1883 年,美国心理学家 G. 斯坦利·霍尔(G. Stanley Hall)发表了经典论文《儿童进入学校时的思想》(*The Contents of Children's Minds on Entering School*),这篇文章现在几乎被人遗忘了。[4] 在这篇报告中,霍尔首先描述了 1869~1870 年在德国进行的一项研究。在这项研究中,柏林市各所学校的教师向班上的孩子们询问各式各样的问题,包括他们对父亲职业的了解情况、他们对天空的理解,以及他们对蘑菇、犁、夜空、三角形、游乐园和"残疾人公园"等事物的熟悉程度。类似这样的问题一共有 75 个。霍尔以此作为研究本国儿童"思想"的基础,请堪萨斯和波士顿的教师用他设计的一组类似问题对学生进行提问。他的许多问题考察的是基础知识,而不是孩子的所思所想或者他们思想的本质,比如哪只手是左手、哪只手是右手,每个数字代表的是几,怎样做缝纫。霍尔对他收集到的数据进行分析,发现了城市儿童与乡村儿童、男生与女生、上过幼儿园的儿童和没上过幼儿园的儿童之间的模式差异。他的提问考察了儿童对各种动植物(如橡树、毛茛、苔藓、蠕虫、蜗牛和绵羊)和各种自然现象(暴风雨、日出、月出)以及具体行业(皮革怎样制作的、钟表匠怎样工作的、砖是用什么制作的)的了解情况。他让老师统

第一章 对全新世界的探寻

计孩子知道多少圣经故事和多少格林童话故事。他将细节知识与更普通的常识、核心技能以奇怪的方式组合在一起,因此他的数据对当代学者没有太大用处。不过,这份包罗万象的调查数据可以使我们窥见这些小小被试对日常生活的关注角度以及他们忽略或错过的事情。现在,根据霍尔的数据,你会觉得他并没有探索儿童头脑中的内容。不过,他揭示了一个重要思想:儿童的兴趣是不同的,他们的兴趣对他们的知识有很大影响。他所开辟的研究方向最终被证明取得了成果。不过,这个研究方向停滞了近50年;而当它重新出现时,最初的研究甚至与儿童无关。

在20世纪50年代末和60年代,丹尼尔·伯莱因(Daniel Berlyne)进行了一系列实验,其结果显示成年人会更好地记住那些使他们感到好奇的信息。伯莱因发现,意外的和奇怪的信息可以引起成年人的兴趣,使他们更加专注于这些信息。因此,他们可以更加牢固、准确地记忆这些信息。[5]最近,研究人员提供了更多数据,证明了当人们想要弄清某件事时,他们会进行更加充分的探索。例如,奚恺元(Christopher Hsee)和阮博闻(Bowen Ruan)招募了一些成年志愿者参与一项研究。每个志愿者会被领进"等候室",等待召唤。研究人员告知所有志愿者,在等待时,他们可以随意检查用于另一项研究的恶作剧笔。一半志愿者的房间里有5支红笔和5支绿笔。研究人员告诉他们,红笔里安装了电池,按出笔尖时会释放微弱的电流,而绿笔则不会;另一半志愿者看到了10支黄笔,并被告知只有部分黄笔会发出电流。后一组志愿者按过的圆珠笔数量明显多于红绿混合组。换句话说，不确定性会引发探索。奚恺元和阮博文称之为"潘多拉效应"（Pandora effect）。[6]

如果成年人在面对奇特和神秘事物时会进一步探索、获取更多信息，那么儿童会怎样呢？研究显示，对不确定性的着迷可以为儿童带来寻求信息的强大动力。在一项研究中，劳拉·舒尔茨（Laura Schulz）和伊丽莎白·博纳维茨（Elizabeth Bonawitz）向学龄前儿童展示了一台"机器"。那是侧面带有两个手柄的盒子，一个手柄可以弹出玩具鸭，另一个手柄可以弹出木偶。在第一组实验中，实验者在孩子按下一个手柄的同时按下另一个手柄，因此孩子无法知道哪个手柄控制玩具鸭、哪个手柄控制木偶；在另一组实验中，实验者在孩子按下一个手柄之后再按下另一个手柄，因此孩子很快就会知道哪个手柄会弹出哪种玩具。第一组孩子玩盒子的时间多于第二组孩子，因为玩具和手柄的因果关系是模糊的。[7]最近的其他许多实验也表明，好奇心是学习的动力。克莱尔·库克（Claire Cook）及其同事让4岁儿童研究某种玩具机器。当实验者用某些珠子触碰玩具表面时，玩具会发光；当实验者用其他珠子触碰玩具表面时，玩具不会发光。在一组实验中，发光模式很清晰，孩子很容易看出哪些珠子组合会将灯光点亮；在另一组实验中，这种证据更加模糊。模糊组的儿童更容易继续玩这个玩具。研究人员的结论是，不确定性会吸引孩子，孩子想要发现事物的原因。[8]最近的其他研究表明，早在3岁时，

第一章 对全新世界的探寻

孩子就可以弄清良好的因果关系和不良的因果关系之间的差异。

蕾切尔·马吉德（Rachel Magid）及其同事用伪装成"大机器"的台式电脑屏幕向小孩子展示两种视觉效果。在第一组实验中，孩子可以看到彩虹色旋转球从屏幕左下角移动到右上角，然后返回——这是一种连续视觉效果；在另一组实验中，他们可以看到同一颗球的静态图像，这颗球先是出现在左下角，然后出现在右上角，再出现在左下角——这是一种离散视觉效果。这台机器还拥有"控制器"，由两部分组成：一部分是能以任意增量上下调整的滚轮，另一部分是一对金属块，孩子可以将磁铁贴在其中某个金属块上。每个孩子可以在控制器"未连接"时对其进行操纵。接着，实验者将其连接到电脑上，然后挡上一块布，使孩子无法看到实验者是如何使用控制器的。随后，屏幕上会出现前面提到的某种视觉效果。这时，实验者会让孩子猜测他使用了控制器的哪个部分。大部分看到离散图像（球先出现在一个角落，然后出现在另一个角落）的孩子认为实验者使用了拥有两个离散选项的磁铁，而大部分看到球在屏幕上连续滑动的孩子认为实验者使用了滚轮。换句话说，他们在原因类型和效果类型之间建立了抽象联系。[9]这类研究表明，儿童不仅会寻找解释，而且会寻找合理的解释。如果有机会寻找某个模糊事件的原因，他们就会迫切地去寻找，而且还挺会找的。不过，正如霍尔在一个多世纪前指出的那样，不是所有问题对所有儿童都具有同样的吸引力。到了3岁时，他们的具体兴趣与事物的内在神秘性同样重要。他们的兴趣是否遵循某种模式？研究人员发现了这个问题的一些答案，但不是全部。

在德博拉·凯莱门（Deborah Kelemen）的一项研究中，研究人员采访了一群母亲，想知道她们和孩子在两个星期里进行的所有对话。研究人员对母亲在回答孩子提问时所提供的解释类型很感兴趣，他们尤其想知道母亲提供心理学家所说的因果性解释（下雨是因为天上有云和温度升高）而非目的论解释（下雨是因为花儿需要依靠雨水成长）的频率。不过，这些对话也表明，儿童对某些信息的兴趣远远超过了其他信息。他们特别喜欢听到关于动物和人类的解释。相比之下，关于无生命的自然世界（比如山脉）和非自然世界（比如机器）的对话对他们的吸引力不大。[10]

我自己的实验室收集的数据也显示了类似的模式。我们邀请5～7岁的孩子观看一些拼贴画，并选择他们想要继续观看和谈论的画。第一组拼贴画上画的是动物，第二组的是人，第三组的是机器和小物件。绝大多数孩子最喜欢观看和谈论动物，第二喜欢的是人的拼贴画，机器拼贴画排在最后。这样看起来，至少在美国文化里，孩子的兴趣存在一些普遍趋势。我们最想深入了解的是有知觉、无法预测、与我们存在一定相似性的事物。不过，这些一般趋势并不代表事情的全部，因为任何一个家长都会告诉你，一个孩子看来稀松平常的事情对另一个孩子可能具有很大吸引力。

儿童想知道什么

所有孩子都会被惊奇和不确定性吸引，但儿童的具体兴趣存在明显差异。当我们向孩子展示动物拼贴画时，有的孩子想了解海洋生物，有的孩子想了解大型猫科动物。1996 年，斯泰茜·贝克（Stacey Baker）和詹姆斯·金特里（James Gentry）采访了 79 名一年级和五年级学生，以了解孩子的收藏情况。其中，72 个孩子表示自己至少有一份收藏。许多大孩子似乎专注于收集过程本身带来的快乐，但小孩子就不是这样了。实际上，许多人提到，他们的收藏满足了他们的好奇心。当采访者问一个男生为什么收集活青蛙时，他回答道："因为我每次看它们时总能发现某种新奇之处……这使我更加感兴趣。"一个女生在描述自己收藏的塑料马和玻璃马时说："我会在商品目录、杂志和商店里寻找关于马的信息。看着一匹马，我能记起我是什么时候得到它的、谁送给我的，还有其他诸如此类的信息……我会花许多时间研究马。"[11] 这些回答为长期吸引孩子兴趣的主题提供了重要线索。孩子之所以通过玩具、书中的图片或者亲身经历长期收集关于某一主题的信息，通常是因为这一主题带来了谜团，带来了需要解决的疑问，或者通过某种方式激发了孩子的解释欲望。

当阿迪在湖边小路上一边奔跑一边寻找和比较树叶时，她不只是在寻找信息，她还在寻找信息以解决问题，不管她的问题多么不明显和不成熟。要确定是什么问题促使她寻找答案并不容易，因为幼儿不太可能清晰表述自己的问题，甚至可能连他们自己也不太清楚，也许她想寻找关于树叶大小的某种答案（哪片树叶最大、哪片树叶最小），也许她对一片树叶到另一片树叶色调的变化感兴趣。不管她寻找的是什么细节和比较点，她刚开始的收集行为都暗示了小孩子正在出现的智力生活的一个重要特点：世界不只是给没有经验的小脑瓜带来惊奇；孩子不只是在被动接受世界上一个又一个意外事件，并无奈地对遇到的任何事情做出应激反应。即使是两岁的儿童也在主动积累关于他所感兴趣的某个具体事物的知识。通过发现差异、相似性或某种模式，孩子会提出新的问题。对某一领域了解得越多，孩子就越能注意到新奇的小细节，这又会使他获得更多知识。拿起树叶并排比较是寻找信息的途径之一。不过，到了两岁半时，大多数孩子已经拥有了另一种强大而独特的探索工具——提问。这是他们与其他所有灵长类动物的不同之处。

心理学家米歇尔·乔伊纳德（Michelle Chouinard）研究了4

第一章　对全新世界的探寻 \\\

岁儿童提出的大量问题，对3～5岁的儿童在家中提出的问题做了定期记录。乔伊纳德一共研究了在229.5个小时的对话中提出的超过24 741个问题。一个被研究人员叫作亚当的孩子在被录音的55个小时里提出了超过10 905个问题。从另一个角度看，亚当每小时提出大约198个问题，每分钟超过3个。另一个叫莎拉的小朋友在有记录的近70个小时里提出了6296个问题。莎拉的提问频率不到亚当的一半，但即便如此，她平均每分钟提出的问题也超过了一个。他们提问的原因有很多，包括获得关注、寻求许可、请求成年人做出某种行为。不过，超过70%的提问反映了他们对获取信息的渴望。3岁时，他们会寻找关于社会和自然的具体事实，提出"那是什么""球在哪儿"之类的问题。到了5岁时，他们也常常希望他人解释使他们感到困惑的事件、事物和对话，比如"那个婴儿为什么哭""麦片为什么是热的""为什么我们不能用两只眼睛看到两个物体""你是怎样让它跑到那里的"。[12]

1岁时，几乎没有一个孩子会通过提问寻求解释。过了5岁生日以后，他们提出的近1/3的问题都会涉及"为什么"和"如何"。这个年龄的孩子会在一切看似普通的日常生活中发现奇特之处。一个孩子询问为什么冰块会变成水，另一个孩子想知道为什么有的狗叫、有的狗不叫，还有的孩子想知道为什么老人有皱纹、牙齿发黄、需要拄拐杖。小孩子通过提问收集对他们来说最重要的信息，因此他们的问题为我们提供了探索其智力活动的窗口。

成年人很容易忽略小孩子的问题中包含的大量信息。尽管如此,孩子知道可以提出问题的范围之广,能使他们实际提出的问题更具启发性。来自不同文化的儿童的对比显示出了提问的可能性。玛丽·戈万(Mary Gauvain)及其同事记录了伯利兹、肯尼亚、尼泊尔和美属萨摩亚这4个国家和地区的小孩子提出的问题,并将其与乔伊纳德的数据进行了比较。和美国儿童类似,这4个国家和地区的儿童提出了许多问题,不过,以获得解释为目标的问题比例要低得多。[13] 其他地方的儿童似乎认为,美国儿童想知道的事情不是很有趣,至少不太适合提问。

在研究为什么美国儿童寻求解释的频率高于其他4种文化中的儿童时,戈万及其同事列举了美国儿童为获取关于某一社会问题的解释而付出的持续努力:

母亲:他是个小男孩,正在画画。

孩子:他为什么画画?

母亲:因为他喜欢画画。

孩子:他为什么喜欢画画?

母亲:因为这很有趣。

孩子:为什么有趣?

母亲:因为这是他喜欢做的事。

孩子:为什么他喜欢做这件事?[14]

第一章 对全新世界的探寻 \\\

是美国儿童比其他文化中的儿童对这种事情更感兴趣，还是他们在提问时受到的限制比较少？论文作者指出，美属萨摩亚、尼泊尔、伯利兹和肯尼亚的儿童被期望与成年人保持一定距离，寻求解释的问题（"为什么"）在这些地区可能会显得不礼貌。因此，对这些文化中的儿童来说，更多地寻求许可、询问事物的名称和使用正确的行事方式可能更安全。不管造成这种差异的原因是什么，其结果可能很明显：美国儿童可以在很小的时候听到许多解释。而且，我们知道，儿童对独特的新生事物最为好奇，因此这些与家长的早期问答可以帮助他们形成后来的思想。

例如，梅雷迪思·罗（Meredith Rowe）及其同事分析了美国父亲与孩子之间的对话。他们考察了父亲向幼儿提出的问题，并在几年后对这些孩子进行研究。如果父亲在孩子刚学会说话时提出更多关于"为什么"和"如何"的问题，这些孩子在学前班里就会获得更多知识，表现出更好的认知能力。[15] 这佐证了研究人员越来越强烈的共识：即使是父母和孩子之间最随意的交流，也会对孩子的头脑产生强烈持久的影响。通过提问这一独特工具，孩子可以获得他们想知道的答案。不过，这些增进知识的交流提供的不只是孩子寻求的具体信息。罗的数据显示，在家庭交流中，问题的性质对孩子的思维习惯具有重要影响。具体地说，孩子越早接触"为什么"和"如何"的问题，他们遵循逻辑链条进行思维的能力就越强。已经有充分证据表明，在经常交流的家庭中长大的孩子更容易在学校中取得良好表现。相反，在家中很少听到说话声的孩子在学校里过得也很艰难。[16]除了这个基本而粗略的区别，研究还显示，推动孩子思维发展的不只是单纯的对话数量，还有词语的使用方式。在家庭成员会彼此聊天、回忆往事、分享感情和感受的家庭中成长的孩子与在只用语言处理日常生活（比如发出命令或批评）的家庭中成长的孩子具有不同的学习效果。[17]研究人员现在还知道，如果孩子更加频繁地参与更长的对话，他们会更容易学会阅读。[18]通过谈论周围的世界，孩子似乎可以获得阅读各种生活经历所需要的思维能力，能够理解遥远的地域、陌生人和很久以前的事情。罗的数据告诉我们，我们在家中向孩子提出和鼓励他们提出的某些问题可以开启新的智力大门。这些问题还可以使孩子们知道，知识是值得探索的，对智力的追求是有价值的。为已有知识体系添加新信息的问题可以帮助孩子发展出思考知识的能力和性格，而不是仅仅使用知识。

这方面的证据是很明显的。一系列研究表明，和无神论家庭的孩子相比，在宗教群体里成长起来的孩子不太容易对新信息进行批判性思考。具体地说，无神论家庭的孩子在面对陌生数据和新奇观点时更愿意寻找证据和理由。[19]一种解释是，整体来看，从小相信人生重大奥秘的答案必须从信仰中寻找的孩子不太容易看到质疑他人观点的价值。孩子感受到的成年人对待和谈论世界的方式非常重要。它不仅会影响孩子的信仰和知识本身，还会影响其信仰和知识的增长。

不过，年龄也会影响孩子的提问类型。我们已经看到，孩子

第一章 对全新世界的探寻

最初的问题往往是在询问事物的名称和位置("谁""什么"和"在哪儿")。随后,到了3岁时,孩子会通过提问寻求解释("为什么"和"如何")。心理学家将这类问题称为"认知"(epistemic)问题。epistemic这个词语来自亚里士多德,指的是思考关于世界运转的长期事实。不过,许多关于认知好奇心的研究关注的是孩子对具体事物和单一时刻的反应,比如让动物发出意外的噪声,展示孩子之前从未见过的罕见事物,或者让某种事物以一种不可预见的方式被表现出来。在这类研究中,研究人员用明显的意外事物激发孩子的好奇心,并在短短几分钟内用可以观察到的反应消除他们的疑问。不过,不是所有好奇心都这么明显和短暂。

好奇心的产生

当阿迪收集树叶时,她不只是在寻找信息,她还在创造对信息的需求,开拓自己的智力领域。收集这些树叶只花了她一点儿时间,整个过程不到 40 分钟就结束了。她尝试了许多类似的收集活动——某个下午在沙滩上收集海玻璃、在奶奶的厨房里收集死苍蝇、暴雨过后在家附近收集小树枝。一个寒冷的下午,她甚至在家里的门廊边缘收集冰柱。不过,到了 4 岁时,这些频繁而短暂的收集热情已经使她为某种更加持久的活动做好了准备。事情的起因大概是这样的。在 6 月里的一个大热天,阿迪和父亲离开家,前往日托班。当阿迪走出家门时,她差点儿踩到一只巨大而有光泽的深棕色甲虫。她当时光着脚,和平时一样,直到父亲将她从汽车座椅上抱下来,她才穿上那双小巧的亮橙色凉鞋。她那双胖胖的小脚之前曾与尖锐的棱角、笨重的岩石和粗糙的木板发生意外碰撞,已经伤痕累累,脚底也沾上了一层厚厚的泥土。

第一章 对全新世界的探寻

现在，这双小脚正站在长有腿毛的六月虫旁边，两者之间距离很近。阿迪停下脚步，全神贯注地注视着这个小生命，只见它两边的触须和腿都开始动了起来。接着，阿迪扫了一眼前方的门廊地板，发现了更多类似的小东西正在走来走去。它们的动作很奇怪，像在梦游，但却很忙碌。阿迪回头看第一只虫，她把腿往前挪了挪，小脚刚好碰到了甲虫闪亮的外壳。父亲几乎没有注意到阿迪的兴趣，拉起她的手，领着她向汽车走去，然后像是自言自语地说道："得把它们打扫干净。"

"打扫？"阿迪在父亲给她系安全带时问道。

"嗯？"父亲心不在焉地应道。

"你说打扫干净。打扫什么？"

"哦，是那些六月虫。我今晚回家时最好能记得把它们打扫干净。"

"它们很脏吗？"阿迪问道。

"不脏，但它们很烦人。没有人希望六月虫飞到自己身上。"

"它们会飞？"阿迪的眼睛睁得更大了。这时候，父亲已经坐上了驾驶座，车子向公路驶去。阿迪透过窗户看着一棵棵树向后掠过。15分钟后，她来到教室，和几个伙伴快乐地规划起了用角落里的大纸箱搭建房屋的方案。她已经忘记了六月虫，至少看上去如此。

几天后，阿迪和朋友们坐在专为3岁小朋友制作的矮桌周围，一边吃着每个人从家里带来的食物，一边讨论谁敢在寒冷的水中

023

游泳。这时,阿迪发现有东西在桌角移动。她正在吃父亲为她包好的一块块甜瓜。她的两腮鼓鼓的,塞满了水果,一小滴甜瓜汁滚到了她的下巴上。她停止咀嚼,看着这只昆虫沿着弯弯曲曲的路线朝她的甜瓜盒爬去。

"六月虫!"她叫道。

站在她旁边的老师说道:"不。那不是六月虫,阿迪小朋友。那是蚂蚁,它想吃你的甜瓜。你看,你们这些女孩子把桌子弄得这么乱,这些讨厌的虫子可以饱餐一顿了。"

阿迪一直盯着这只昆虫:"它会飞吗?"

到了两岁时,许多孩子表现出了对自然世界,尤其是动物和动物行为的特殊兴趣。苏珊·凯里(Susan Carey)等心理学家的研究表明,孩子之所以对动物具有浓厚兴趣,部分原因在于他们对核心生物学概念的自然、直观的理解,比如对生命体和非生命体之间差异的理解。[20] 不过,这只是开始。不管小孩子天生的倾向将他们吸引到哪个方向上,他们都有许多选项,可以将时间和精力花费在许多事情上。在一项研究中,乔伊纳德为 112 个学龄前儿童家长配备了小型便携式录音设备,然后安排每对家长和孩子参观附近的动物园,并且让家长记录他们在动物园里的所有经历。和其他环境下的孩子相比,这项研究中的孩子提出了更多问题(平均每小时 95 个)。对这些问题的分析显示,随着年龄的增长,孩子的好奇心会变得更具方向性。最小的孩子提出的问题有 20% 属于那种前后相关的连续问题,而 4 岁孩子提出的近一半问

第一章 对全新世界的探寻 \\\

题都是这种连续问题。

一些兴趣点似乎可以激发更具目的性的探索,其中关于动物的主题排名靠前。[21]托马斯·比里(Thomas Beery)和克里斯季·莱基斯(Kristi Lekies)向5000名大学生询问了他们小时候的收集习惯。绝大多数(近88%)受访者记得,自己在3～10岁时收集过标本。其中一些类别的标本比其他类别的更受欢迎:大约30%的人记得自己收集过树叶、羽毛、种子、树枝、蘑菇、水果、浆果、化石和昆虫等物品。值得注意的是,尽管许多受访者已经是成年人了,但他们还是回想起了童年收藏品极为具体的细节:

"我经常在浅滩里抓活鳗鱼,并在5到10分钟后放生。"
"一些又大又绿的石头看上去像祖母绿一样。"[22]

他们一定花了许多时间观察收藏品,因为他们注意到了各种细节,形成了持久而鲜明的印象。

但是,让成年人回忆童年收藏品的做法可能会歪曲数据。对童年的回忆可能会为当时的活动或经历添加原本缺乏的专注感和全面性。少数零散的片段可能会在回忆时产生重要性或连续性。不过,当研究人员邀请家长描述孩子的收藏时,他们的回答与这些大学生的回忆并无差异。孩子似乎对自然界特别感兴趣,这种兴趣不限于生命体。一位住在马里兰州的年轻同事在下面这篇报告中描述了4岁孩子阿尔玛的收藏品:

从 3 岁时起，阿尔玛在一年多时间里一直在收集石头和贝壳。有时，她几周都没添置新的收藏品，仿佛她已经把这件事彻底忘掉了。不过，当我们某天去公园或者串亲戚时，她的口袋里又会装满新的石头或者出现一块小贝壳。她不会用贝壳和石头做任何事情，就只是把它们放在房间角落里。在发现新的收藏品之后，她通常会把它放到原来的收藏品之中。然后，她常常会花上一段时间回顾收藏品——她只是触摸每个收藏品，低声自言自语。当我靠近她时，我可以听到她在嘟囔："很光滑，粗糙，有点儿凸。"有时，在发现新的收藏品之后，她会根据材质或大小，将所有收藏品重新分成不同的小堆。每过一段时间，有的人就会送给她一块石头或贝壳，供她收藏。她不会照单全收。她只会收下"合适"的收藏品，不管这里的"合适"对她来说意味着什么。

像这样的兴趣什么时候会变得更具目标性和方向性呢？小小收藏家什么时候会变成小小研究者呢？根据 1~5 岁儿童提出问题的大型数据库，乔伊纳德及其同事考察了儿童何时会从提出不相关问题转变为通过提问进行深入探索。当孩子最早提问时（有的是用语言提问，有的是用手势提问），97% 的问题与单一主题有关。也就是说，这类探索仅限于一次提问。常见的话语包括"那是什么""它是做什么的"和"它叫什么"。此时，孩子似乎在撒很大的网，收集关于许多事情的零散信息。不过，到了四岁半时，他们提出的问题半数是关于某个主题的单一问题，半数是遵循探寻链条的系列问题。[23]

在对 4 岁儿童的长期分析中，乔伊纳德考察了他们刚满 1 岁时提出的问题。高达 87% 的问题是"一次性的"，即关于某一主题的单一问题。接着，她考察了他们过完 5 岁生日时提出的问题。情况发生了变化：5 岁时，孩子的问题只有 37% 是单一的询问，而 63% 的问题是在深入探索某个主题。这使乔伊纳德想到了下一个问题。她的假设是，如果孩子通过提问收集各种信息，将其作为寻求深入理解的第一步，那么当他们前进到第二步积累知识时，他们提出的问题种类可能会发生变化。为证明这一点，她考察了孩子在专注于某件事情时提出的问题。果然，她发现，学龄前儿童的常用策略是首先提出单独的问题以收集事实。孩子的开场白涉及各种主题，包括狗、天气和人们的行为。一旦收集到了一点儿事实性信息，他们就会对这些初始事实提出更多探索性问题，比如"为什么"和"如何"。[24] 乔伊纳德的数据表明，即使是学龄前儿童也会运用某种智力策略满足自己的好奇心。他们的许多问题看上去也许漫无目的，但它们其实遵循某种模式。

阿迪当然也是这样。4 岁那一年，阿迪的生活完全被虫子占据了。她每个星期都要花一点儿时间谈论虫子，并在图片、书本和现实生活中观察虫子。她每隔一段时间就有机会触摸虫子，甚至有机会抓到虫子，进行深入研究。这些研究很零散，有时只有

1分钟，有时却能持续20分钟。在暖和的夏季，她几乎每天都能看到虫子。蚂蚁、甲虫、九香虫、衣鱼以及无数飞虫——黑蝇、胡蜂、鹿蝇和蜜蜂。她看到了一些精彩场面，包括她父亲某一天从车库角落捅下了马蜂窝。有一次，她紧张而激动地看着母亲用镊子从她腿上拔下一只扁虱。观看母亲将扁虱拔出来并烧掉很有趣，听她讲述莱姆病的危害也很有趣。阿迪的好奇超过了紧张。这么小的东西怎么会让人生病呢？它到底是怎样使人生病的呢？还有一次，一个邻居说有一种昆虫身材很苗条，长有像弯树枝一样的四肢，这使阿迪很困惑。邻居解释说，因为这种昆虫可以停留在池塘水面上，所以它叫水黾。除了飞行、爬行和疾走，一些虫子还可以漂浮和游泳，这对阿迪来说可是一大发现。

在一段时间里，阿迪如饥似渴地获取关于虫子的信息。不过，随着天气转凉，她的兴趣也在减退。周围的虫子变少了，而且她还有其他问题亟待解决——踢球、阅读、认识学校里新转来的小女孩。然后，到了11月，她的哥哥给了她一本封面上有蜻蜓的近距离特写的《国家地理》（*National Geographic*）杂志。这只蜻蜓似乎有一个明亮的绿色面具，遮住了它的眼睛和脸颊，中间像海绵一样的白色的脸向外凸出，看上去可怕而又恶心，就像她哥哥那些超级反派塑料玩具一样。当然，她很喜欢玩那些塑料玩具。她目不转睛地看着这张令人讨厌而又震撼的蜻蜓照片。自从夏末以来，阿迪对虫子的热情一直陷入休眠状态。此刻，这种热情又复活了。

第一章 对全新世界的探寻

她拿着这本杂志看了一个星期。在做其他事情的时候,她偶尔还要看一眼杂志。有几天她还一直把杂志塞在马桶旁边。不过,她不只是在阅读和研究。她还常常向家人提问:苍蝇能像扁虱一样让人生病吗?蚂蚁会吃我的麦片吗?那个东西是它的大便吗?它们会打架吗?它们怎么知道怎样排队?(阿迪之所以提出最后一个问题,是因为蚂蚁在厨房地板上排成了一长串,往返于一块饼干和洞穴之间。)

阿迪还做实验。8月的一天,当阿迪的奶奶拿着橘黄色旧苍蝇拍开始一年一度对苍蝇的强力捕杀时,阿迪也想试一试。她的前六七次尝试没有命中目标。接着,她集中注意力,悄悄靠近一只停在餐桌上的大苍蝇,然后用尽全力,挥起了苍蝇拍。"啪"的一声。她举起苍蝇拍,发现苍蝇躺在桌子上,已经死了,但是并没有被打扁。她用又粗又短的手指非常小心地捏起苍蝇,拿到眼前,睁大了眼睛。和蜻蜓类似,这只苍蝇也有闪亮的眼罩,但是它的眼罩不是绿色的,而是黑色的。苍蝇中间的脸也是由海绵状的结构组成的,这也和蜻蜓类似。更妙的是,它的身上好像有毛。这时,苍蝇的一只又细又长的腿动了一下。阿迪本以为它死了,不会动了,就像被奶奶拍打过的其他虫子一样。她把苍蝇扔回到桌子上,然后盯着苍蝇,看看它的腿会不会再动一下。这时,在附近打扫卫生的奶奶走了过来,抓起苍蝇拍,又打了一下,然后把苍蝇丢了出去。实验结束了。

另一天,她和朋友梅一边在草坪附近闲逛,一边讨论美人鱼是否真的存在。这时,阿迪看到一堆虫子在一个看上去有点儿眼熟的小东西上面爬来爬去。她向朋友打招呼:"嘿,梅,梅,快看。"两个小女孩蹲下身去看是什么东西招来了这么多虫子。原来,那是当天早些时候别人吃三明治时掉落的火腿。梅建议把家里的狗找来。"皮克尔会吃虫子!看看它会不会吃虫子。来,皮克尔,想吃点儿好东西吗?"女孩们感到有点儿恶心但又觉得愉快,她们看着有求必应的拉布拉多猎犬闻了闻那块肉,并用鼻子顶了顶。阿迪高兴地说:"是的,皮克尔。你不想吃点儿好吃的小蚂蚁吗?"皮克尔再次推了推那块肉。阿迪满怀期待地凑过去看。不过,皮克尔这时转过身去,不再感兴趣了。

对无心的路人来说,这件事看上去一点儿也不重要。两个闲来无事的孩子只是暂时被一些蚂蚁吸引,想要捉弄一下家里的狗而已。这一时刻与阿迪对昆虫的持续兴趣以及她进行更多一般性探索的需要之间并没有任何明显的联系。不过,路人的想法是错误的。不管阿迪与虫子的这些邂逅多么具有偶然性,它们都为阿迪提供了稳定的信息流。她对虫子的好奇心持续了几年。在不同阶段,她的关注点也在发生转变。起初,她觉得六月虫的特征和行为很有趣。随后,她想深入了解各种昆虫的具体能力。到了4岁时,她对昆虫的生活有了更多的一般性结论,涉及它们的相同点、不同点、行为模式甚至弱点。阿迪正在成为虫子的狂热爱好者。

专业的力量

20世纪80年代初，米舍利娜·希（Micheline Chi）及其同事开始研究儿童思维的"成长"原理。当孩子的能力或行为方式发生变化时——比如记忆力提高或者更容易理解某些思想，到底是什么在成长呢？[25] 在此之前，大多数20世纪认知发展心理学家接受了儿童认知发展的伟大先驱让·皮亚杰（Jean Piaget）制定的框架。根据该框架，儿童思维在某些重要节点会经历重大变化：2岁儿童开始用符号思考，5岁儿童可以思考这个世界而不是仅仅生活在世界上，7岁儿童可以在一定程度上理解抽象概念等等。[26] 认知能力随时间成长的曲线很有说服力，但它没有解释儿童的经历到底是怎样推动他们进入下一个心智能力阶段并获得新的思维方式的。皮亚杰反驳了年龄本身带来智力发展的说法。相反，他认为是儿童与世界的相互交流促进了这种改变。不过，人们一直不清楚这种交流是怎样使世界各地的儿童取得惊人变化的，不论他们的成长方式和经历如何。

接着，在20世纪70年代和80年代，计算机变得普遍。心理学家发现，这些新型机器的运转与成长中的大脑非常类似。通过研究计算机执行各种任务所需要输入的信息，研究人员可以为成长中的儿童为了掌握某一活动可能需要获得的知识和执行任务的每个步骤建立模型。[27]

由此，研究人员可以知道在儿童思维及其引发的行为变得越来越复杂的过程中发生变化的到底是什么。希主导的一系列重要研究表明，儿童对某件事情的了解程度与我们所认为的儿童"发育水平"存在紧密联系。[28]在一项著名的调查中，希和她的同事发现，和其他问题相比，身为恐龙专家的幼儿（指一些超过5岁的小朋友）在回答关于恐龙的问题时，使用了更加高级的思维能力，而且他们的思维能力水平比相同年纪的其他孩子更高，尽管他们在其他方面并无差异。在一项研究中，研究人员首先用抽认卡片和18个关于恐龙的事实性问题〔比如"雷龙"（*Brontosaurus*）这个名字对应的是哪类蜥龙〕向孩子提问。他们用预先测试的分数将孩子分成两个小组：专家组和新手组。[29]接着，研究人员让两个小组的孩子看不同恐龙的卡片，分享他们掌握的关于每种恐龙的一切知识。不必说，小专家比小新手提供了更多信息。更令希及其同事感兴趣的是，小专家的回答表明，他们在以更加复杂的方式思考这一主题。

小新手分享的知识局限于他们可以看到的信息，比如"它张着嘴"或者"它有3只角",而小专家则更容易说出卡片上没有描绘的特征,比如"它是肉食动物"或者"它们以小群体行动"。[30]小专家还会更多地使用"如果""因为""那么""或者"等连接词,以更加复杂的方式将信息联系起来。例如,一个孩子说:"大概没有什么能够攻击它们,因为它们被叫作恐龙之王。所以,我觉得没有什么能够攻击它们。"另一个孩子说:"它们如果看到更大的动物,就会逃跑。"与新手提供的简单描述("它有尖利的牙齿""它有3根手指""它有尖利的手指、尖利的脚趾和长长的尾巴")相比,这类回答捕捉到了更加复杂的思想。最后,小专家还可以根据一些基本相似性为陌生的恐龙分类。例如,一个孩子说:"这说明它肯定是肉食恐龙……因为它的前肢拥有所有肉食恐龙的特征……这可以保障它的安全。"希及其同事指出,当孩子拥有关于某一领域的许多信息时,他们会产生更加完整连贯的思想——他们的评论意味着他们对相关主题拥有更加深刻丰富的思考。不过,重要的是,这些思维方式不会延伸到对他们知之甚少的其他主题的思考之中。[31]这项研究的发现表明,当孩子非常了解某件事情时,他们会做出更加复杂的推理。所以,一个孩子可以使用的思维的复杂度不只是由孩子的整体发育水平决定的,它还会受到孩子对某一主题熟悉程度的影响。

这些发现也告诉了我们一些关于收藏的东西。当孩子收集信息时,他们也在为无法通过其他途径获得的思维方式奠定基础,不管这些信息多么不贴切、多么零散。收集信息、发现内在原则、从表象到内在——只有当你在某个领域拥有了一定量的信息时，你才会形成这些思维。

按照这种思路，当阿迪遇到并收集了各种虫子以后，她就可以产生关于虫子的各种想法。对于生活在阿迪身边的人来说，这显然是事实。当皮克尔丢下那块爬满蚂蚁的黏糊糊的火腿时，阿迪有模有样地解释道："对皮克尔来说，蚂蚁太多了。它们总是这样。它们总是成群结队地出没，像军队一样，蚂蚁大军。"

不过，到了6岁生日时，虫子已经被阿迪放到了一边。准确地说，她并不是把注意力转移到了某种新事物上，或者发现了更喜欢的事情。相反，虫子被归入了范围更广的主题之中，然而她和其他人起初并没有意识到这一点。那还是4月一个非常温暖惬意的日子里，阿迪和保姆玛格丽特前往超市。突然，汽车减慢了速度，停在路边。玛格丽特说道："我们去看看吧。"五岁半的阿迪太小了，她坐在椅子上，看不到玛格丽特看到的东西，但她相信那一定很有趣。两个人已经花了许多时间进行户外探索。在她家和玛格丽特家的院子里，在附近池塘周围，在墓地后面的树林里，两个人寻找各种标本，通过触觉、嗅觉和视觉对其进行检查。前一年，玛格丽特有一次带来了装在坛子里的羊的膀胱，把它在阿迪家的餐桌上放了一个星期。她们两个人可以尽情地一边观察羊的膀胱，一边谈论它。所以，当汽车突然转向并停下来的时候，阿迪已经做好了行动准备。

玛格丽特为阿迪打开车门，解开安全带。她指着杂草丛生的

第一章　对全新世界的探寻

便道。一只很大的鸟躺在那里，它的一侧翅膀的尖端触到了路面，其余部分被草丛掩盖。当她们走近时，阿迪觉得这只鸟看上去和她一样大。她觉得这只鸟的躺卧方式很奇怪。她之前从未在现实生活中见过这种鸟，但她在书上见过它的照片。它的脖子很长，像厨房下水管一样弯曲。它几乎没有一丝生气，看上去很笨重，而且一动不动。她之前见过这种画面。它已经死了。

"蓝鹭！"玛格丽特叫道，"我之前从未在路边见过蓝鹭。它真大。我想知道发生了什么。"接着，她快步走向汽车，取出她特地为这种时候准备的剪刀，大声说道："看看我们能不能取下一条腿。"她们一起蹲下来，在春季潮湿肮脏的沙土地上开始了工作。阿迪抓起鹭脚。"把它拉出来，"玛格丽特说道，"我要剪了。"这只脚很大，阿迪需要用两只手才能把腿拉直。"拉。"玛格丽特说。阿迪照做了。不过，她想在玛格丽特剪腿时近距离观察。她身体前倾，以便把脸靠近鹭。"噗，"她说，"真臭。"当剪刀在瘦弱而布满鳞屑的鹭腿上施加压力时，她看得更仔细了，处于极度警觉状态。剪腿并不容易，玛格丽特使足了力气。当刀口穿过坚韧的皮肤和骨骼时，阿迪听到了什么东西碎裂的声音。鹭腿并没有完全掉下来。玛格丽特需要拉开剪刀，把鹭腿从金属剪刀上拉下来。她举起鹭腿，两个人更加仔细地观察鹭腿末端长有又细又弯的趾甲的4根长脚趾。话匣子阿迪闭上了嘴。值得观察的地方太多了。鹭腿上的皮肤上布满了难看的米灰色小隆起物。切割面上有一小团像细线一样的深色物质。玛格丽特拿着剪刀站起来,说道:"好吧,你拿着它,我们把它带去你家。"鹭腿摸上去是冰凉的。

在那个温暖而气味浓烈的春日,阿迪第一次协助他人截肢的经历看上去并不像是什么预兆。与小孩子生活中的其他趣事类似,这次遇到死鹭的经历很快就被她忘掉了。那天她和玛格丽特回到家里又花了一个多小时给鹭腿绑上绳子,然后系在车库屋顶的远角,让它风干。不过,到了晚饭时间,阿迪就跑去看哥哥打棒球了。几个小时后,在她迷迷糊糊入睡前,她的大脑已经被其他紧迫的想法占据,心思早已不在鹭腿上了。她向母亲讲述了她和朋友打棒球的经历、她膝盖上的划伤,以及她想要的生日礼物。然而,第二天早上,当她坐在餐桌前咀嚼烤华夫饼时,她瞥见了挂在车库下面、在微风中轻轻摇摆的鹭腿。她冒出了一个问题,随即向她 11 岁的似乎无所不知的哥哥请教。

"为什么没有血?"

"不知道,"哥哥耸了耸肩,"问玛格丽特吧。"

几小时后,当她走下校车,见到玛格丽特时,她第一时间问道:"为什么没有血?"她的好奇心在白天消退得很快,退到了大脑某个安静的角落,让位给学校的事务(拼写测验、午餐、踢球、"疯狂一分钟"数学题、一个在体育课结束时呕吐的女生)。不过,当她坐到校车后面的座位上时,关于鹭腿的想法再次出现。当她透过车窗看到玛格丽特时,她的问题再次变得迫切起来。阿迪很幸运,玛格丽特是完美的询问对象。玛格丽特没有忽

第一章 对全新世界的探寻

视阿迪的问题，但她也没有回答。相反，她说："我们去看看它有没有干透吧。"

"干透有什么用？"阿迪问道。

"把它取下来，放进你的房间，这样你就能永远拥有它了。"玛格丽特回答道。她们把阿迪的午餐盒和又小又破的背包（这两样东西都让人感觉很邋遢）放在车道一边，径直走向鹭腿。鹭腿的味道很奇怪，不过，这没能阻止二人。玛格丽特抱住阿迪两条又短又粗的腿，直接把她举起来，以便让阿迪略微前倾，仔细观察。

"切口是黏糊糊的，还是干巴巴的？"

"有点儿黏，"阿迪回答道，"等等，先别把我放下去。我想看看血。血在哪儿？"

"没有血。"玛格丽特说道。阿迪不太相信，她凑得更近了。"当它真正风干时，你可以把它放在书架上，永久保存。看看它的脚趾多漂亮，又黑又亮。"

阿迪伸出手，用指尖抚摩鹭的趾甲，并且摸了摸趾甲尖，想看看它有多锋利。接着，她的手指在长有鳞屑的皮肤上滑过。她情不自禁地想要捏一捏腿部中间比较肥、带有皱纹的部分。"看看它的膝盖，上面全是皱纹，像妈妈的手肘一样。"玛格丽特把阿迪直立的身体放到了地面上。

"我们留心吧。春天到了，我们也许可以找到死兔子，这样你就可以为你的收藏品添加一具兔子骨架了。"

接下来的 10 年间，阿迪的收藏品越来越多。每当她和玛格丽特在被撞死的动物身上切下一块或在田野里发现小动物尸体时，她们就会刮去上面的泥土，将其清理干净，用消毒剂浸泡，然后挂在外面，直到获得一个看上去可以永久保存的标本。有时，她们会在网络上或者奥杜邦[①]指南里查找某种动物，以了解关于其生活方式的更多信息。有时，她们会直接摆弄尸体，研究和猜测它是怎样死的。

一个夏日，当阿迪和家人去看望爷爷奶奶时，她在海滩上发现了一条死去的沙鲨（sand shark），拖着它走了 400 米，回到了家。奶奶不让她把沙鲨拿到屋里，因此它被放在户外的地窖门附近。第二天早上，外面臭气熏天，但阿迪并不在意。她不停地用力闻，然后半带欣喜半带厌恶地发出巨大的干呕声。沙鲨在那里躺了好几天。阿迪经常跑过去看，试图找出办法将其变成自己的收藏品。最后，她的哥哥同意帮忙。此时，他已经 15 岁了，拥有一把非常锋利的折叠刀，他为此很得意。他把沙鲨搬到距离奶奶家足够远的地方，以免其他家庭成员闻到腐肉的味道。然后他们开始解剖，让带有尖刺的漂亮骨骼，以及味道更加浓烈的内脏露出来。两个人忙了几个小时。其间，当一块厚重的深红色鱼肉

[①] 约翰·詹姆斯·奥杜邦（John James Audubon），美国著名画家、博物学家。他的作品对后世野生动物绘画产生了深远影响，同时也是科学研究的重要资料。他绘制的《美洲鸟类》（*The Birds of America*）被称作"美国国宝"。——编者注

第一章 对全新世界的探寻

掉下，骨骼露出来时，阿迪告诉哥哥，鱼是冷血动物——"和哺乳动物不同，跟兔子和花鼠那样的恒温动物不一样。"

到了 11 岁时，阿迪的动物收藏品挂满了卧室的三面墙。到了 13 岁时，她不仅收藏当地动物的标本，而且还用零花钱购买外地动物的标本。纽约市上西区著名的 Maxilla & Mandible（马克西拉和曼迪布尔）动物标本商店（现已停业）是她最喜欢的商店。外出旅行的亲戚会从很远的地方带标本给她。她得到的标本包括浣熊阴茎骨（她叔叔向她保证那标本是这个东西）、做过防腐处理的短吻鳄，最后她还得到了一只小乌龟。家族里的一个老朋友许多年前在大西洋海岸上发现了被冲上海滩的巨大的鲸鱼脊椎骨，他把这条脊椎骨遗赠给了阿迪。有一次，阿迪的奶奶带她拜访一位自然作家朋友，这让她非常高兴，因为这位作家曾去过亚马孙探险，通过某种途径获得了一只被缩小的头颅。阿迪目不转睛地看着这颗与辞典、作家自己的几部作品并排放在书架上的头颅，对这位受害者不幸的经历产生了无尽的遐想。后来，她读到了头颅缩小仪式的具体步骤，但她当时最先想到的场景是某个部落的敌人尖叫着被扔进沸腾的大锅里，最终被煮成了很小的骷髅。她经常向母亲讲述这个可怕的场景。它使她感到不安，但她还是在不断地思考这件事。

阿迪收集的信息远远不止挂在卧室墙壁上的标本那么简单。每当老师要求学生选择写作主题时，阿迪都会选择动物。她在作文中谈论动物的栖息地、食物、捕猎策略、天敌，动物各器官的运转方式以及它们的叫声。她开始将她的知识组织进自己的"奥杜邦指南"。起初，她只是知道越来越多的事实和现象（鹭是鸟，鸟腿几乎没有肉；鱼是冷血动物；兔子身体里的血多于鹭）。很快，她所掌握的信息就复杂到了无法简单列举的程度。她在头脑中存储的这些关于鱼、兔子和鹭的具体信息已经扩充成了巨大的信息网，不仅为她提供了关于许多物种的动态信息集合，而且使她获得了体现这些物种相互关系的层次结构。在这方面，阿迪并不是特例。任何为自己感兴趣的事情收集大量信息的孩子都可以获得这种具有层次和结构的知识体系。

心理学家安·布朗（Ann Brown）在实验室和真实课堂上进行了开创性研究。结果显示，当孩子被允许充分探索某一主题时，他们将孤立的事实联系到一起以生成新思想的能力会大大提高。不过，布朗的研究也表明，学生对学习内容和学习方式的选择能力非常重要。这一概念是由认知心理学家杰罗姆·布鲁纳（Jerome Bruner）提出的。当布朗及其团队邀请四年级学生探索动物选择和创建栖息环境的问题时，他们在研究主题上为学生提供了很大的选择范围。布朗发现，孩子对他们研究的问题是否真正感兴趣是一件很重要的事。这不只是为了鼓励孩子或者为他们增添趣味性。相反，兴趣似乎可以促使他们掌握信息。同样重要的是，兴趣可以促使他们将信息组织得更好，以便将他们掌握的知识传递给其他同学，并提出关于动物及其环境的新思想。[32]

上初中时，阿迪能做的已经不仅仅是根据需要检索信息了。

第一章 对全新世界的探寻

根据关于某种生物的少量信息，比如冷血、无毛、拥有某种骨骼形状，她就可以推测这种生物的饮食习惯、弱点以及它可能拥有的神经系统类型。阿迪喜欢推测。随着知识的积累，她所接触的普通动物为她带来的惊喜已经越来越少了。同样的知识虽然削弱了动物界给她的一部分新鲜感，却让她提升了制造新惊喜的能力。她会猜测将苍蝇放在冰箱里冻10分钟再对其恢复温度会发生什么。某年夏天，她向来到家里的几乎所有人重复表演让动物起死回生的神奇魔法。她会预测哪种食物能把北美山雀吸引到她的掌心。当她和哥哥在父亲的花园铁丝栅栏上发现刚刚死去的兔宝宝的遗体时——那是割草机打到兔子窝导致的残酷结果，她对兔子眼睛的解剖结构进行了某种猜测，然后跑到屋里去取镊子，以进行必要的解剖操作。随着每一层真实事实的出现，可能事实的范围也在扩大。

有时，阿迪对动物界的兴趣和她对收集标本的喜爱会使她获得意想不到的经历。一天下午，她在草坪上练习挥球棒，以便提高技术，去和哥哥打棒球。突然，她用眼角余光发现了一条蛇。这条蛇长约0.3米，躺在草丛边一动不动。阿迪扔下球棒，走向那条蛇，蹲下身，以便更加仔细地观察。这条蛇显然死了，它的脑袋下方鼓了起来，看上去很奇怪。阿迪冲着在屋里透过窗户向外张望的玛格丽特打招呼："到这里来。这里有很酷的东西！"接着，当玛格丽特来到她身边时，她问道："这是什么？"

当阿迪伸手抚摸突起的部位，试图弄清那是什么时，她发现蛇嘴里挂着某样东西。那是一条小小的青蛙腿。那条腿动了一下。"它还活着，"阿迪叫道，"我们把它救出来！"

玛格丽特此时仍然乐意帮助阿迪制作标本，她迈着平静而稳健的步伐走进厨房，拿着一只水果刀走了回来。"你抓住蛇的两端，把它拉直。我从中间切开，把小青蛙救出来。"玛格丽特说。阿迪快乐而坚定地抓住死蛇的两端，把它拉直，以便让玛格丽特把它切开。当刀尖切进蛇肉时，抓在阿迪左手里的蛇头来回摇晃起来。所以，这条蛇还活着。不过，由于切口已经足够大了，因此玛格丽特用拇指和食指把青蛙抓了出来。现在，她们可以看到，青蛙实际上已经死了。阿迪吃惊而恐慌地涨红了脸。她们弄错了。现在，在她们的干预下，蛇也会死去。

"没关系，"玛格丽特说，"这种事情经常发生。我们只是犯了个错误，仅此而已。现在，你的书架上又会增添两样东西了。"

小小收藏家

不是所有儿童都会被这些真实的收藏品吸引。以威廉·里斯（William Reese）为例，当他2018年去世时，他已经成了美国文物和美国历史书的顶级专家。《纽约时报》发讣告称他为"善本书卖家中的翘楚"。[33] 他的兴趣可以追溯到他在马里兰州度过的童年。1955年，他在马里兰州出生。他的父亲喜欢鸟类，酷爱约翰·詹姆斯·奥杜邦关于鸟类的画作，会带着里斯前往费城和巴尔的摩购买奥杜邦的作品。即使在小时候，里斯也更喜欢欣赏关于动物的文字和图片，而不是观察真实的动物。《纽约时报》在报道中称，"里斯的农场里有黑安格斯牛，但里斯并不想做牧牛人"。相反，他在上大学时出版了第一份图书研究报告《关于牧牛业的120本最佳图书》（*Six Score: The 120 Best Books on the Range Cattle Industry*）。数年后，当他成为实体书和二手书领域的著名商人时，他更喜欢把自己看成"证据"卖家。使他着迷的是证据和证据的出处。

对于许多爱书的孩子来说，值得收藏和考虑的似乎不是书本。相反，真正吸引他们的是书中的内容，包括人物、不同人物的关系以及他们的冒险经历。许多成年人在认真反思后，将塑造他们的智力生活和职业生涯的因素归结于小时候读过的某些小说。例如，弗朗西斯·斯普福德（Francis Spufford）在《书籍塑造的孩子》（*The Child That Books Built*）中描述了《柳林风声》（*The Wind in the Willows*）、《纳尼亚传奇》以及《霍比特人》（*The Hobbit*）等书籍是怎样向他呈现出值得思考的不同世界并对他的现实生活产生影响的。他写道：

> 例如，亚瑟·兰塞姆（Arthur Ransome）的"燕子号与亚马逊号"（"Swallows and Amazons"）系列不仅使我迷上了亚马逊号的船长南希·布莱克特，而且使我时时想起英国剑桥郡一个注重实践的大家庭。他们是我的亲戚，喜欢乘着划艇在沼泽区的河流中航行，就像我想象中兰塞姆笔下的孩子们骑着野猪在温德米尔湖航行一样。兰塞姆的12本书像田园诗一样，包含了细致的描述，可以使我了解关于旗语、勘测和黄金冶炼的知识。它们使我尝试了另一种极为普通的人生：在现实中，我们家只有4个人，缺乏医疗护理，生活很虚幻；在故事中，兄弟姐妹们都很健壮，到处闲逛。在书中的第一

第一章 对全新世界的探寻 \\\

页,父母在码头向冒险家们挥手告别。任何人都没有感受到强烈的焦虑。这些故事与我想象中的亲戚们的生活融合在了一起。我可以通过阅读亚瑟·兰塞姆的作品体验他们的生活,不会产生背叛家庭的感觉。[34]

在《我在米德尔马契的生活》(My Life in Middlemarch)中,丽贝卡·米德(Rebecca Mead)描述了17岁时第一次阅读乔治·艾略特(George Eliot)的《米德尔马契》(Middlemarch)时的情景。当时,她立刻感觉到,她和书中人物多萝西娅具有相似的灵魂,并且觉得"在我读书时,这本书也在读我"。[35]接着,她描述了她在英国小镇上的那群朋友是怎样通过分享和谈论图书共同探索生活的。她的一个朋友喜欢 D. H. 劳伦斯(D. H. Lawrence),另一个朋友痴迷于 F. 斯科特·菲茨杰拉德(F. Scott Fitzgerald),并且也喜欢艾略特。"图书为我们提供了改变自己的途径——使我们能够形成自己的思想,并能告诉别人我们是谁、我们想成为怎样的人。对我们来说,在自我塑造方面,书籍的重要性不亚于我们的衣服。"米德将自己想象成了书中的多萝西娅。同时,她也从《米德尔马契》中获得了大量信息。根据她的当前经历,不同信息会浮出水面。例如,当她诞下一子时,她突然对多萝西娅的妹妹西莉亚及其对男婴亚瑟的着迷产生了全新的看法。米德在给朋友的信中写道:"这么多年,我一直觉得自己是多萝西娅。现在,我一夜之间变成了西莉亚。"

斯普福德和米德的相同点不只是他们读了很多书，更重要的是，他们阅读的某些书影响了他们的兴趣、思维和精神世界。书迷在故事中遇到的具体人物、事件和情节积累成了一套知识体系，正如蝴蝶、贝壳和化石之于收藏者那样。最终，单独的事实会组合在一起，形成有用的类别。石头收藏品可以分为光亮的和无光泽的；骨骼可以分为行走生物的、水生生物的和飞行生物的；至于书籍，你可能会将带有女性主人公的书籍和含有魔法的书籍区分开来。

反过来，孩子又可以利用这些知识结构进行归纳。例如，骨骼收藏家可能会注意到鸟类头骨通常比哺乳动物的头骨小，儿童文学读者可能会注意到各个地区的小朋友都有秘密。孩子还可以通过收集到的知识进行推测。根据与恐龙相关的收藏，孩子可能会推测如果两种恐龙打架，体型更小、牙齿更尖的恐龙会获胜。喜欢古代故事的读者可能会推测，很久以前的人拥有更加精彩的生活。关于知识的收藏最终也会带来一些假设。面对浣熊的脑袋，阿迪可能会想："如果我让它风干，它就会大大缩小。"资深读者从头开始阅读"纳尼亚传奇"系列的第一本时可能会猜测，到了故事结束时，孩子们可能会忘记他们是从衣橱后面钻进来的。最后，这些体量巨大、常常具有复杂组织形式的信息集合会使孩子提出新的问题，例如"鸟类体内有蛋吗"或者"好人输了怎么办"。收集和整理关于某一主题的信息不仅会使孩子获得提出新问题的机会，而且会促使他们提出新问题。之前吸引他们的

第一章　对全新世界的探寻 \\\

细节（皮毛和鳞片下面的骨骼、贝壳的各种形状、经历挑战后获得的光荣）会成为新的跳板。在追求新奇的天性驱使下，小小收藏家开始寻找新的惊喜来源。

世界各地的儿童都在通过收集物品、听故事和看书获取知识。不过，一些孩子的收藏品比贝壳和冒险故事更加古怪。我向36位家长询问了他们家小孩子的收藏品是什么，并且向32位年轻人询问了他们小时候收藏过的物品有哪些。一位年轻人立刻回答道："我收藏过易碎物品。"她笑着说，"这些物品包括一切在我看来非常精致或者很容易破碎的物品。一些物品真的很容易破碎，比如鸟蛋壳；另一些物品只是看上去容易破碎，比如我在二手商店看到的旧珠宝。"另一个年轻女性描述了她所收藏的"一组奇怪物品"："从我家附近搬走的人和死人拥有的一切物品。"

一个9岁男孩向我详细描述了他对超级英雄的长期兴趣。他在头脑中收藏的人物包括著名英雄（蜘蛛侠、绿灯侠、绿巨人）以及他在网上和冷门漫画书里发现的30多个不太知名的人物。不过，他并不想了解他们的具体身世、起源故事以及他们最有名的冒险经历。相反，学习他们的战斗模式、理解他们的策略、衡量他们与对手的相对力量才是他的全部关注点。

他的父母表示，从3岁起，上学前、放学后、饭后和周末他都要挤出许多时间收集超级英雄的信息，然后根据这些信息表演战斗场面。他在谈话中提到，6岁时，他曾在很长一段时间里几乎完全专注于《星球大战》(*Star Wars*)里的人物和战斗。他说，他喜欢将他们的战斗策略与"我自己的动作"融合到一起。他还说:"我会把自己想象成绝地武士。我会挥动光剑两次,然后猛扑过去,抓住坏人的手;或者抛出大网,把坏人拉过来,然后使出一记飞踢。"

他花了许多时间独自研究、思考和表演超级英雄及其打斗习惯。同时,他也会和好友分享自己的精神世界。"有时,我和朋友扎克聊天——他喜欢DC[①]宇宙,我喜欢漫威宇宙。我们喜欢进行这样的交谈:'如果没有其他宇宙,只有DC和漫威,DC就会碾压漫威。不过,如果有其他宇宙,比如蜘蛛宇宙,那么漫威就会胜出。'"

不管是石头、女主角还是战斗,这些幼稚的探索为孩子提供了肥沃的土壤,使他们可以思考新思想、提出新问题、探索周围世界的新主题和新层次。不过,正如前面提到的那样,不是所有孩子的兴趣都是明显而稳定的,或者可以简单表述为贝壳甚至易碎物品。孩子的许多兴趣更加短暂。有时,使他们产生好奇的事物思考起来会让人不太舒服,就连大人也承认不舒服。我自己对好奇心的研究显示,在很小的时候,孩子就对一些连大人也感到棘手的复杂、宏大、重要、令人不安的问题产生了兴趣,包括永生、性、隐身、上帝和科技之谜。我们对儿童这些更加短暂而理

---

① 指侦探漫画公司(Detective Comics, DC),与漫威漫画公司(Marvel Comics)并称美国两大漫画巨头。——编者注

智的兴趣之所以知之甚少，是因为我们很难捕捉到相关数据。小孩子不容易表述清楚他们想要解决的很抽象的问题，关于他们兴趣的暗示又会在意外时刻突然出现。幸运的是，我们现在拥有了比过去更多的数据，可以帮助我们寻找答案。

上帝、性及其他

在 1984 年，互联网还只存在了一年，万维网也要在数年之后才会出现。不过，两位发展心理学家布赖恩·麦克维尼（Brian MacWhinney）和凯瑟琳·斯诺（Catherine Snow）看到了创建一个有价值的在线数据库的机会。它将成为一个中央研究库，用于存储家长记录孩子语言的日记以及心理学家记录孩子日常生活的资料。他们将其命名为"儿童语言数据交换系统"。该系统的一些数据集可以追溯到 20 世纪 60 年代，其存档资料现在还在不断增加。目前，该系统保存了超过 26 种语言的记录，包括超过 130 种不同的语言集。[36]

最近，我和我的一些学生利用该系统的数据考察了孩子通过多次交谈进行某种探索或推测的所有数据，以研究儿童会对哪种事物产生长期兴趣。我们发现，不管孩子是在玩游戏、吃饭还是坐车，他们都表现出了对科技之谜、公平、隐身和死亡等具有挑战性的主题的兴趣。[37]

例如,在下面两段被记录的对话中,4 岁儿童阿贝对上帝进行了思考。在第一段对话中,阿贝在和母亲聊天。

孩子:妈妈,你记得天堂吗?
母亲:嗯。
孩子:我也记得,但我不记得它在哪儿。
母亲:我觉得,它应该在天上。
孩子:是的,但我从未见过天堂。

3 个月后,阿贝与父母的聊天记录显示,他对这一主题的兴趣并未消退。

孩子:上帝的脚很大,真的很大。
母亲:你最近对这种事情想太多了。
孩子:每天都想。
父亲:它有多大,阿贝?比我的脚还大吗?
孩子:是的。比你的脚还大,比任何人的脚都要大。
父亲:如果他站在地球上,会发生什么呢?
孩子:上帝的脚就是地球。
父亲:是地球?

/// 看见思维的成长

我们还没有完全了解孩子是怎样收集死亡信息的，不过，我们的知识已经比 10 年前有所长进了。例如，心理学家和人类学家考察了来自不同文化的儿童对来世的不同理解。许多美国儿童从成年人那里得知，亲人的灵魂会进入天堂。在那里，他们可以继续看到和听到他们所爱之人的形象和声音。维佐人生活在马达加斯加的乡村地区，那里的儿童从成年人那里得知，一些死人的灵魂会在活人周围游荡并制造麻烦。在这两个例子中，孩子听到的关于死亡过程的谈话在他们通过观察人和动植物构建的观念之上叠加了新的死亡概念。[38] 成年人的叙述和提问对儿童思想的构建影响极大，甚至会影响到他们想要研究的思想类型。

在儿童语言数据交换系统中，有一个孩子叫劳拉，系统记录了她在 5 年间于不同场合说的话。4～6 岁时，她常常提及死亡这一主题。以在宠物鸟死后她与父母的谈话为例。

> 母亲：……它做好了死亡的准备，劳拉。它把鸟巢扯下来，它知道自己要死了，做好了准备。
> 劳拉：它知道自己要死了？
> 母亲：是的。
> 父亲：它知道。
> 劳拉：它怎么知道自己要死了？
> 母亲：它可以在心里感觉到。
> 父亲：一种隐隐约约的感觉。

第一章 对全新世界的探寻

劳拉：我不想死。

母亲：嗯。我们不会死。

（劳拉开始独自玩耍，但几分钟后她又开口了。）

劳拉：我想知道死了之后是什么感觉。

在这两年时间里，劳拉在有记录的对话中超过10次提到死亡。[39]和恐龙等话题相比，这听上去可能不是一个很有趣的话题。不过，它很令人吃惊。关于死亡的零星评论和询问更容易被大人忽视。同卡车、机器人和童话相比，这个主题不太容易受到大人欢迎。它可能缺少其他主题所具有的魅力，但它反映了儿童同样强烈的智力追求。

在保罗·哈里斯（Paul Harris）关于想象力的早期作品中，一个4岁男孩问道："只有淘气的人才会被埋葬，不是吗？因为姑姑说，所有好人都会上天堂。"[40]我对家长的采访和对儿童日常生活的记录表明，在3～6岁的儿童中，至少有1/3的孩子会提出关于死亡的问题，其中大多数人在几个月或者几年时间里会持续提问。这些问题常常是由具体事件（听到某人的死讯、在附近发现死去的虫子或动物）引发的。不过，在对一些关于死亡的说法进行思考之后，孩子似乎希望获得更多信息，并且和大人一样，觉得自己需要反复研究这些涉及不确定性的事情。

甚至早在4岁时，儿童就已经参与到解决上帝和死亡这些不确定性问题的困难任务中了。此外，还有极为神秘诱人的性话题。20 世纪早期，苏珊·艾萨克斯（Susan Isaacs）负责管理英国剑桥的麦芽屋早教中心（Malting House School）。她在 1924～1927 年对那里的学生进行了观察，并以此为基础撰写了两部经典作品——《幼童的智力发展》（*Intellectual Growth in Young Children*）和《幼童的社交发展》（*Social Development in Young Children*）。[41] 她在书中分析了每个 2～5 岁孩子在两年时间里向父母和老师提出的问题。其中，艾萨克斯在《幼童的社交发展》中引用了小女孩厄休拉的母亲记在日记中的两个片段。[42] 第一个片段记录了厄休拉 3 岁 9 个月大时的对话：

> 厄休拉和母亲在一起。她在洗澡。母亲说："厄休拉，你知道这里是什么吗？""不知道，是什么？""你的弟弟或妹妹。"她涨红了脸，带着哭腔说："为什么，妈妈？我不想在很小的时候要弟弟妹妹。我想长大以后再要。"她把这话重复了几遍。随之而来的是各种问题和评价："为什么他在那里？""为了在他出来之前让他保持温暖。""他什么时候出来？明天吗？""不，要到很久以后，要到夏天。""为什么？""因为他现在不够强，不够大。""他有多大？""我觉得有这么大。""他从哪里出来？""那里。""他怎么出来？""当他足够大、足够强的时候，他会往外钻，我也会帮助他，让他出来。""你怎样用力？""像这样。""你是怎样怀上他的？

第一章 对全新世界的探寻

爸爸种的种子吗？""是的。""什么时候种的？昨天晚上吗？""不是的。""我们度假的时候吗？""也许吧。""我当时在场吗？""不，我想不在。""我睡着了吗？""也许吧。""为什么你要怀上他？"

这段对话中的问题还在继续。第二个月，厄休拉还在寻找答案。

"妈妈，爸爸是怎样给你种种子的呢？""这很难解释，厄休拉。我必须想个办法来解释，以便让你理解。""现在告诉我，妈妈，他是怎样做的呢？""我保证以后告诉你。我得先想个告诉你的方法。""我去问爸爸。他知道。""是的，也许他可以解释。""他应该知道。是他干的。"

几天后，厄休拉再次回到了这个问题上。

"爸爸是怎样种种子的，妈妈？""哦，厄休拉，我必须想个办法来解释。这很难解释。""是的，但他是怎样做的呢，妈妈？他把种子放在哪儿？""在下面。""为什么？""那是存放种子的好地方。""他是怎样种的呢？""他只是把它放进去。""放进哪儿？"

· 055 ·

厄休拉的问题并不是例外。它们很典型，而且通常会被忽视。几乎每个家长都记得，他们的孩子在某个时候会对性的某些方面产生疑问。不过，这种好奇心很少被认真对待。我们常常会感到厌恶、不适或者开些玩笑，没能认识到孩子追求知识的智力价值，不管这种知识涉及哪方面的主题。而且，不是所有孩子都会形成研究有趣问题的性格。实际上，到了小学中段，许多孩子根本不知道他们专注的智力活动是什么。

有没有让更多孩子在更多时候追求兴趣的好办法？什么能够吸引孩子对一些重要问题产生兴趣，并使他们持续关注这些问题呢？

变熟悉为陌生

人们已经开启了一系列研究，以探索"震惊"（awe）在吸引孩子兴趣方面可能起到的作用。约瑟夫·科兰托尼奥（Joseph Colantonio）和伊丽莎白·博纳维茨最近对91名学龄前儿童进行了一项实验。他们向每个儿童展示3段煽动情绪的视频中的一段（时长150秒）。第一组儿童看到的是英国广播公司一台（BBC One）的《野外漫步》(*Walk on the Wild Side*)节目的镜头剪辑，以动物的滑稽表演为主，其目的是提供快乐；第二组儿童看到的是关于野外小动物的平静片段；第三组儿童看到的是英国广播公司的《行星地球》(*Planet Earth*)剪辑，其目的是唤起观者的震惊感（这里的震惊指的是惊奇的感觉，是一个人面对宏大世界时产生的渺小感，以及他与整个世界息息相关的感觉）。接着，他们让孩子们玩一种复杂有趣的玩具——那是一只盒子，上面有各种可以旋转、摇晃和拉伸的旋钮和操纵杆，以及一个放大镜、一

/// 看见思维的成长

个口哨和其他各种有趣的功能模块。这只盒子有 30 种不同的操作方法。研究人员发现,看过震惊视频的孩子对盒子表现出了更大的好奇心。他们玩的时间更长,并且尝试了更多选项。[43] 在一项耐人寻味的研究(标题很神奇,叫作"哦,你不知道的事情……")中,乔纳森·麦克菲特斯(Jonathon McPhetres)用虚拟现实视频激发一些被试的震惊感,同时为其他被试提供相同的新信息,但是没有激发震惊感的功能。感到震惊的被试可以更好地意识到他们关于这一主题不知道的事情。当他们完成活动并选择报酬时,看过震惊版视频的人更愿意选择科学博物馆的免费门票。[44]

那些被孩子反复思考的最具吸引力的问题往往很复杂,无法在一次交流中被理解或解决。为什么不能花一点儿时间理解每天的夜幕降临呢?为什么不能花一点儿时间解释雨水的成因呢?更不要说生殖细节和上帝之声的神秘性了。这类现象可能需要不止一次讨论,这很正常。

通常,孩子之所以反复研究某一主题,是因为他们每次提问时,大人给出的都是模糊或片面的回答。乔伊纳德、哈里斯和凯瑟琳·科里沃(Kathleen Corriveau)等人的研究表明,当孩子在提问后获得无效或无法令人满意的回答时,他们会继续提出更多问题,并以不同方式提问——他们是有技巧的审问官。[45] 不过,与其含糊不清地锻炼孩子的智力韧性,不如采取一些更令人满意的方法。

第一章　对全新世界的探寻 \\\

一种方法是为他们提供有趣的谜题。在对这种想法的一次测试中，杰尔姆·罗特甘斯（Jerome Rotgans）和亨克·施密特（Henk Schmidt）让10岁的新加坡学生了解关于光的物理学知识。在4个星期里，他们每周两次为学生提供有趣的场景，以激励他们深入探索光的原理（例如，有一次，孩子们需要阅读一群伙伴进山洞探险的故事。故事里的一个人想带手电筒，但另一个人认为没有必要，因为他们的眼睛可以适应黑暗）。在提供完每次的场景后，研究人员向孩子提出一系列问题，以了解这个场景使他们产生了多大兴趣。研究人员发现，当孩子的兴趣得到很好的激发时，他们会对一般主题形成更加持久的兴趣。[46]

内在复杂性、没有得到回答的问题和特别的兴趣是使孩子产生持续好奇心的三大因素。此外，还有一个因素：担忧。孩子会研究使他们感到不安的主题。作为兴奋性的一种来源，担忧可以激发好奇心，但它很容易被误解，尤其是当这种担忧来自儿童时。当我开始写作此书时，我在一小群发展心理学家面前发表了一次演讲。我的猜测是，孩子常常想要知道不太直接具体的事情，而不是像石头下面是什么或者球为什么沉到浴缸底部这种浅显的事情。我提出，至少在某些时候，孩子会思考更复杂、更有分量的问题。在我演讲过程中，一位年轻教授疑惑地歪着脑袋，一言不发。我在此称她为雅尼娜。她显然对我的观点持怀疑态度。当天下午，在我演讲结束几个小时后，她把我拉到一边。"一开始，我不知道你在说什么，"她说，"三四岁的孩子长期探索某

/// 看见思维的成长

一主题的观点听上去很离谱。我当时想：'你错了。他们想知道为什么邻居家的狗叫声比自己家的狗叫声更响亮，为什么烤箱会把面包弹出来。'不过，你所说的话一直在我耳边回响。"接着，她说她想到一件事：

> 在过去一年左右的大多数夜晚，每当我让 4 岁的塞茜尔进被子里的时候，她都会向我提出关于死亡的问题。我总是匆忙地向她保证，我们都不会死，她不需要害怕。做完保证以后，我忘掉了这件事，认为自己已经消除了她的担忧。不过，我现在想到，我忽视了她的想法。她对死亡感兴趣。这对她是一个智力问题。这显然是一个令人烦恼的问题，但的确是她所感兴趣的问题。许多有趣的思想不是都有点儿令人烦恼吗？

到了 14 岁时，阿迪已经知道了住宅附近大多数昆虫的名字。她还拥有广泛而细致的动物解剖学知识。不过，她对给小动物割腿、剥皮、去除内脏以及在专卖店购买外地标本的兴趣已经减弱了。现在，她房间的书架上摆放着超过 130 个大大小小的头骨，但它们已经开始积灰了。她已经不再对这些东西感兴趣了。她的注意力转向了另一件事：动物的自然史。

和之前的许多科学家类似，她对这些物种在外形和功能上分化的时间和方式极为着迷。为满足好奇心，她会和其他人交谈——包括她心爱的保姆和一位优秀的科学老师。不过，她很快就会渴望得到新的解释。周围的人和她自己的骨骼收藏品无法解答她的问题。于是，她转向书本，开始研究高中课本。不过，这只会刺激她的胃口，而且常常无法令她满意。书中的事实性信息和简单的解释只触及了一点儿皮毛。对自然史了解得越多，阿迪的兴趣就越浓厚，她的好奇心就越会从信息本身扩展到科学家的研究方式上。她渴望有机会亲自做出科学发现。她开始想象自己进行缜密实验的情景。

十年级时，阿迪根据自己在春季池塘附近的成长经历以及石蛾每年春天浮出水面的现象提出了一个研究课题：石蛾幼虫能否相互交流？除了这个问题本身，她对哪种数据能够回答她的问题以及如何收集这些数据也感兴趣。在母亲的许可下，她买了一只大网，开始记录她从春季池塘捞到幼虫的日期和时间。她把表格钉在地下室墙上，并把幼虫放在地下室里，以便记录它们的行为。

18岁时，阿迪上了大学，主修生物学。

第二章

小小发明家

> 小时候,我创建了我自己的国家。它叫作纽伯恩,位于南大西洋。我对纽伯恩的情况做了很详细的记录。我绘制了那里的一切,包括所有的房屋、汽车和人。我们甚至拥有海军和空军。
>
> ——克莱斯·奥尔登堡〔Claes Oldenburg〕

▼
▼
▽

罗杰·博尔顿（Roger Bolton）已经老了。他身材魁梧，皮肤松弛下垂，形成许多皱纹，就像松弛的船帆一样。他那双棕色大眼睛在凹陷的眼窝里炯炯放光。他在我出生的 1959 年大学毕业，在我上幼儿园时获得了哈佛大学的博士学位。他现在是荣誉退休教授，在经济学领域声名卓著。他已经不怎么教书和写作了，但仍然住在大学城里。那是他任教 36 年的地方。他偶尔出席学术性的圆桌会议，或者参加感兴趣的校园讲座。他在讲话时喜欢使用看似低调的词语和结构简单的句子，但他的思维其实非常严谨。他从不炫耀，总是喜欢用平和的语气谈论他的思想，仿佛他在谈论天气和午餐，而不是数学模型和经济理论原则。你甚至可以说，他的标志性作品之所以极具影响力，是因为他善于将复杂的经济指标与人们的日常经历联系在一起。

第二章 小小发明家

1978年,40岁出头的博尔顿开始创建使他后来名声大振的理论。他用成本收益分析等成熟的经济学研究工具进行论证,认为人们的"归属感"——他们对生活地点的喜爱和责任感——应该被看作某种形式的"社会资产"。博尔顿相信,加强归属感的地方事业(比如文物保护区的设置、节日活动、自然景观开发)可以促进地区经济增长,提供良好的投资回报。博尔顿强调,地方事业的好处不限于经济回报:"在某个具体地点,社交互动的组合可以形成某种社区,让你有一种生活在社区里或者知道其他人也生活在这个社区里的基本感觉。"博尔顿还指出,归属感拥有经济学家所说的"公益"性质,即某个区域里的人都会从中受益,不管他们本人是否为地区建设做出了贡献。[1]

博尔顿关于这一主题的论文发表于实证主义思潮末期。当时,经济学领域被"硬数据"思想所支配。学者普遍喜欢研究那些最容易测量和建模的经济制度原理系统机制,这一风气在商业领域也很流行。博尔顿的论文与当时的风气形成了鲜明对比。他认为,一些现象真实而重要,但是很难把握,因此难以建模,经济学计量工具的最佳用途就是澄清这些现象。他希望用数据证明,在一个特定的地理环境中,社区和合作意识的提高可以使地区更加繁荣、人民更加幸福。

博尔顿是学者中的学者,他把人文地理学和发展经济学这两个之前看似毫不相关的领域联系起来，做出了卓越贡献。他不仅开创性地用经济数据对之前没有测量过的效应进行量化，而且开创性地将地区——即某个独特群体所居住的特定地理区域——当作分析单位。他在他的领域备受尊重，成年后一直在和其他学者打交道，在多所常春藤级别的学术机构任职。他的两个儿子拥有博士学位，在美国最好的两所大学担任终身教授。如今，博尔顿已经80多岁了。如果你见到他，一眼就能看出他大半辈子都在思索。不过，如果你在20世纪40年代去他的童年住所找他，你永远不会猜到他后来的生活状态。

博尔顿在宾夕法尼亚州哈里斯堡附近的一个小农场里长大，该农场位于科内韦戈溪和小科内韦戈溪之间。"那时候，我们不会使用'农村'（rural）这个词，"博尔顿对我说，"我们那时生活在乡间（country）。"实际上，他当时住在土路边，离最近的城镇也有几千米远，附近只能看见其他几座田舍。在他快到14岁的时候，他的小妹妹出生了。在此之前，他是家中独子。他去离家几千米的学校上学，那里只有一间教室。他的父亲为哈里斯堡一家公司铺设工业水管，日子过得不错。"父亲常说，他是户外水管工。"他家吃的蔬菜都是自己种的。他们还养鸡，卖鸡蛋，以补贴家用。

宾夕法尼亚中南部的雨往往很大。"我家旁边的路不是石子路，只有沙土。大雨倾盆而下，路上一片泥泞。这种时候，我常常会在那条路上玩上好几个小时。那里很少有汽车经过。那条路是属于我的。"博尔顿被诱人的泥浆吸引，他会进行挖掘、堆积、加固和切割操作，以构造水道网。他先构建一个基本结构——选一片大于 1 平方米的路面，在四周堆起围堤以容纳雨水，里面设计一些涵洞和通道方便雨水流动。之后，他会花几个小时进行修整，在一些位置开辟新的通道，在另一些位置修建小堤坝，以改变水流路线。在这个小天地里，每个部分都会对其他部分产生影响，他对此十分着迷。所有结构都是相互联系的，只要破坏或建立一处堤坝，整个水道网的情况就会发生变化。他在夏天有大把的自由时间，所以会在那里玩上整整一下午，直到吃晚饭时才进屋。他常常在饭后再次出门，此时太阳还没有下山，但这时他看到的往往是已经干涸或被邻居的狗踩坏的水道。虽然这种工程寿命很短，但他并不在意。他仍然可以看到溪流、沟壑、堤坝和水闸的位置，并且可以思考下次的工程。博尔顿关于在泥浆里建设工程的记忆是从 5 岁开始的。然而，和其他孩子一样，他很早就开始收集发明创造所需要的智力工具了。

最初的解决方案

直到大约 3 岁时，孩子才开始认真发现问题并构建解决方案。他们最初的发明并不像后来那样成熟。学习发明是需要时间的，而且要凑齐发明所需要的条件并不容易。我们能看到博尔顿小时候在屋外泥浆里玩耍，也能看到他在 30 年后提出大胆的新经济理论，但是两者之间并不存在平稳过渡。探寻始于生命的最初几个星期，之后会沿着很平稳的路径发展。与之相比，发明之路则一波三折，并不顺利。我们往往认为，随着年龄的增长，孩子自然可以更好地掌握重要技能。可惜，这并不适用于发明。发明之路是非常曲折的。

3 岁的发明家创新和解决问题的能力存在一些明显的局限性，但他们拥有 5 岁儿童不具备的一些巨大优势。而且，当孩子获得了成为优秀发明家所需要的全部智力工具时，他们通常已经失去了发明的意愿。儿童在幼年时可以做出可笑、古怪、无足轻重的发明，但他们成年后未必能够做出深刻复杂的开创性发明。少数孩子在青春期早期可能比上小学之前更有创意，但大多数人的创造力会下降。幼儿的解决方案和发明创造极为丰富，大多数成年人对此视而不见。不过，不管它们看上去多么不起眼，它们都会为孩子未来可能的发明奠定基础。通过观察这些小小发明家的艰难摸索过程，我们可以知道如何在孩子成长过程中鼓励他们继续发明创造。

请想象下面的场景，它曾在全世界各个城市的无数家庭里反复上演。一个5岁儿童晃晃悠悠地走进厨房，看到操作台架子上有一只饼干罐。她知道罐子里有好吃的饼干，而且很想吃。不过，她准确地判断出，罐子太高了，她够不到。怎样才可以够到饼干罐呢？此时，她的头脑中有一个现实的目标（拿到饼干）、一个明确的障碍（操作台的高度），以及某种介于感觉和思想之间的东西，我们称之为直觉（其内容是她也许可以想办法克服这个障碍）。在这一刻，她第一次定义了一个可以解决的问题。她抓起附近扶手椅上的坐垫，将其拉到操作台前。她把坐垫放在饼干罐下方的地板上，站了上去。她距离罐子近了一点儿，但她的胳膊向上伸直却仍然不够高。她再次感觉到，如果她再做点儿什么，问题也许可以解决。她回过头，发现了椅背上的靠垫。她走过去，拿起靠垫，准备把它放在之前的坐垫上。她正在发明一只柔软的梯凳。

这个问题与糖果、高架子问题一样古老，这个孩子想出的解

第二章 小小发明家

决方案也不是陌生的,她的行为既不特别也不早熟。她将挫折看作需要克服的障碍,找到阻碍她的因素(从而确定了一个问题——这一步很重要),寻找可以帮助她的动作和事物,将它们组合成她还没有学过和掌握的顺序及方案,这整个过程只用了不到 60 秒。这种分析与综合的组合使她获得了之前从未使用过的解决方案。堆叠物品并爬上去拿她够不到的东西这件事并没有什么真正的创新,但这对她来说是新方案,这才是关键。

在理解儿童的策划和构想如何为他们的思想奠定基础时,他们的发明能否去申请专利并不是一件特别重要的事情。真正重要的是发明者收集熟悉元素并对其进行全新组合以解决重要问题的过程。我们来看第二个例子,它和够饼干罐的例子一样平平无奇。一个 4 岁男孩在浴缸里玩儿,他用水桶舀水,然后把水倒回浴缸里。他注意到,空水桶一直漂浮在水面上。他把水桶压下去,但水桶又浮了起来。他把水桶压到浴缸底部,但他一放手,水桶又浮上了水面。这是发明过程最初的心理活动——他惊异于水桶无法像之前的其他事物那样沉到水底。

此时,他可以进行研究,观察水桶内部或者外表面,以寻找它无法下沉的原因。不过,他的研究不只是为了获取信息。他不只是在尝试解释意外现象。此时,他的目标不是理解水桶浮在水面的原因。他头脑中想的是潜水艇。如果水桶不能停留在浴缸底部,他怎么能把它当成潜水艇来玩呢?怎样做才能使水桶停留在水底呢?他有一个超越信息和直觉的目标——他想制订一个具体方案。要想进行他所希望的游戏，他必须弄清如何使水桶停留在水底。现在，他已经走上了发明之路。他试着把水桶压在水下10秒钟，但是没有用。他试着把水桶翻过来，仍然没有用。最后，他抓起摆在浴缸角落的几瓶泡沫浴液和一大块肥皂，把它们放进水桶。水桶沉下去了。在这个过程中，他对密度也许有了一点儿认识。更重要的是，他解决了眼前的问题。他发明了他的第一艘"潜水艇"。

在大人看来，孩子最早的发明常常简单而普通（尤其是当这些发明重现了他们熟悉的事物时——堆积的靠垫成了梯凳、沉重的物体成了船锚）。不过，虽然这些解决简单问题的方案原始而陈旧，但它们涉及的心理步骤需要一组复杂的智力活动，包括确定问题的概要、意识到一个人可以进行刻意的尝试以解决问题、想象出解决方案、规划这个解决方案的步骤。我们来看一下浴缸里的那个小男孩。他首先需要将水桶想象成在浴缸底部航行的潜水艇，然后才能试着研究怎样实现这一点。不过，他并不理解重量对物体沉浮起到的作用。当他试图把水桶压到水底时，他使用了之前在其他环境中对其他物体很有效的策略。当这种策略失败时，他需要另想办法。在这种情况下，之前的经验告诉他沉重的物体不会漂浮在水面上。在浴缸里，他已经明显表现出了关于替代方案的灵活思维迹象。

婴儿会用少数很有力量的行为与世界互动。这些行为是反射性的，比如吮吸和发现异常。这些看似不起眼的行为使他们走上了思考之路。不过，虽然婴幼儿的身体和大脑非常活跃，但是他们还不具备创新能力，无法通过深思熟虑解决问题。在接下来的几年时间里，几乎所有孩子都会获得一系列复杂的知识和智力技能，这使他们获得了发明的能力。不过，这些知识和技能并不是以简单的线性顺序出现的。

学龄前儿童掌握了一些步骤，但是难以掌握其他步骤。不过，接下来的三四年，一切都会改变。到了8岁时，小小发明家几乎已经拥有了完整的智力技能。关于儿童成为优秀发明家的科学故事并不简单，而且充满了矛盾。故事始于锤子和刀子。

旧工具与新工具

人类之所以能比植物和其他动物拥有更多优势，部分原因在于我们掌握了使用工具的非凡能力。我们制作弓箭，用于保护自己、征服他人；我们制作刀具，用于收获和捕猎；我们制作车轮和蒸汽发动机，用于旅行和运输；我们制作镜片，用于拓展有限的视力。早在公元前100年，希腊人就发明了名为"安提基特拉"（Antikythera）的机械装置——它是最早的计算机，由30多个青铜啮合齿轮组成，可以预测行星和恒星的位置以及月球的相位。这是一项非凡而卓越的工程，表明我们从远古时起就对拓展心智能力的工具产生了兴趣。工具的使用定义了人类史，可以解释人类许多极为伟大、令人震惊的成就。我们甚至发明了研究和记录工具使用情况的工具。关于工具的演化和历史的大量学术文献可以上溯到200多万年前。这些记录表明，虽然每个时代的发明常常在前一个时代发明的基础上发生变化，但基本的思维过程并没

第二章 小小发明家

有改变。

不管是13世纪还是21世纪,所有人在发明新设备和新装置时都在使用相同的基本步骤。设计车轮、吊车和计算机都需要经验、专业知识、时间和长期努力。只有部分人会去尝试创造如此重要复杂的工具。不过,几乎所有人都可以在很小的年纪掌握其中的基本步骤,而且不需要接受任何正规教育。儿童可以很自然地发现这一过程。实际上,使用工具是儿童的游戏。

4岁的科拉身体很结实,有着方方的下巴和浓密的棕色头发。她经常待在房前的院子里,在烈日下玩耍。她在观察厨房门外大石头后面爬进爬出的几只很小的蜥蜴。有时,她把蜥蜴当成龙,讲述这些龙捕猎和被捕猎的动作场面。不过,在某个时候,她厌倦了把蜥蜴当成龙的游戏。她开始单纯地观察蜥蜴。接着,她决定抓一只蜥蜴。这个目标使她很着迷。不过,这是一项挑战。怎样捉蜥蜴呢?她首先尝试了最好的工具——她那双胖胖的小手。不过,她的速度不够快。经过几次尝试,她发现,每当她靠得太近时,蜥蜴就会溜走。

科拉知道,要想抓住蜥蜴,她需要的不仅仅是一双手,她还需要工具。她环顾四周,在地上发现了一根10厘米长的木棍。当蜥蜴再次探出头时,科拉用木棍迅速戳向蜥蜴。不过,木棍同样抓不住蜥蜴。而且,她找到的木棍太短,无法使她和猎物之间保持必要的距离。她环顾四周,发现了更长的木棍。当蜥蜴再次出来时,她蹲在道路尽头,在最后时刻捅出了木棍。这次,木棍的长度够了，她击中了蜥蜴的尾巴。不过，蜥蜴虽然受了轻伤，但立刻逃跑了，并没有被捉住。科拉又试了一下。她一连试了5次，就像在做研究人员所说的固着行为，不断尝试相同的无效方法，既不知道哪里出了问题，也不知道接下来需要采取哪些措施。

她知道，她需要想办法从更远的地方捕捉蜥蜴。不过，她找到的工具不够长。她坐在那里，似乎一筹莫展。她不知道接下来应该做什么。任何在一旁观看的大人都会立刻看出问题所在以及想出可能的解决方案。科拉需要足够长的工具，以便够到蜥蜴，但是它应该具有能够捕捉蜥蜴的结构，而不是只能戳到它。不过，4岁的科拉遇到了一个无法克服的智力障碍。

到了3岁时，孩子会渴望使用工具，而且很容易做到。比如几乎每个幼儿都会掌握用杯子喝水和使用勺子的能力。看到周围的兄弟姐妹、同龄人和成年人使用他们从未见过的事物，很小的孩子很容易模仿他人的行为。模仿比自己大的人对小孩子来说是最有效的学习策略之一。这种方法不仅可以使他们迅速掌握宝贵的技能，而且可以确保他们使用的是社会所重视的特定技能。不过，仅仅学习工具的使用方法还不够。我们人类之所以走到今天，不仅是因为我们使用工具，更重要的是因为我们知道如何设计新工具。科拉能否想出她所需要的工具并捉住蜥蜴呢？

问题在哪儿

如果观察儿童的日常生活，你会发现他们似乎很机敏。每个家庭都会出现与够饼干罐非常类似的场景。儿童的部分才智来自他们转换事物的能力，他们在玩耍时经常这样做。用某种事物代表另一种事物是在头脑中想象世界最重要的初始步骤之一，也是复杂思维活动的重要特征。当3岁儿童将木勺想象成飞机、将树枝想象成魔杖、将毛衣想象成飘逸长发时，他们其实是在想象世界可能具有的模样，而不是它现在的模样。这些行为无处不在，你几乎不会注意到它们，除非你正在寻找发明的迹象。最近，我观察到一件事。一个4岁男孩看到母亲从烤箱里取出砂锅后把防烫手套放在餐桌上，他立刻走到桌前，抓起手套，坐在厨房地板上，迅速为每只脚套上一只手套，将其举到空中，来回摇晃。"看，我是猴子！"他向站在旁边的双胞胎妹妹叫道，"看我的猴子脚！"这种两分钟的转换很快带来了更加持久的游戏。当孩子们玩耍时，他们会不断遇到必须解决的问题。

看看下面的例子。有3个表兄弟在4岁那年夏天每周都要花上几天时间在一起玩耍。这项活动最终消耗了他们许多时间和精力。在3个表兄弟中，纳特家的院子挨着树林。树林边缘有一些倒下的树，它们处于不同腐烂阶段，有的树根高高翘起——这正是那种吸引孩子的景象。倒下的树之间还有许多大石头，有的石头比纳特和他的兄弟们还要高。有一块巨石底部很宽，高度至少有1.8米，它赫然耸立在孩子们眼前。当表兄们在一起玩耍时，他们常常被院子边缘吸引。院子边缘也在他们父母的视线范围内，但是再远一些就是更加荒凉、更加陌生的野外了。在他们第四次去那里的时候，纳特的兄弟莱克斯说："看见了吗？看见了吗？它很大。我知道我们能做什么了。它可以成为洞穴。"

另外两个孩子似乎都知道莱克斯所说的"洞穴"是什么。他们拉来一些掉落的树枝，将每根树枝运到巨石顶部，然后把树枝另一头搭在附近另一块小一些的巨石上。屋顶开始成形了。在夏天的前几个星期，他们从未忘记这个洞穴。一个人会说："我们去修洞穴吧。"或者说："下雨了。屋顶要被弄坏了。"他们在洞穴里很小心："你弄乱了。捡起那根树枝。我们需要确保洞穴的整洁。"他们常常从建筑者的视角谈论这个项目："那里可以做窗户。"实际上，纳特的父亲是木匠，纳特似乎常常模仿父亲的言行。当他们建造洞穴的屋顶时，纳特坚持认为他们需要将树枝紧紧地排在一起，以避免漏雨。其他人心甘情愿地干活，堆积越来

第二章 小小发明家

越多的大小树枝。在建造屋顶的过程中,纳特常常说:"必须让它密不透风。"每过一段时间,他就会从内侧把脸贴近屋顶,眯着眼睛检查阳光能否透进来。

在干活的时候,三兄弟还会谈论其他事情,比如玩具、电影、糖果以及谁跑得最快。接着,在7月初,他们已经建造了几个星期屋顶。一个人说:"嘿,我们可以住在里面,玩'动物宝宝'游戏!""对,"另外两个人热情地支持这个主意,"动物宝宝!"在这个提议下,三个人进入了游戏的新一阶段。他们之前显然玩过"动物宝宝"的游戏。他们扮演的动物每天都在变化。纳特有时是浣熊宝宝,有时是狗宝宝(他们称之为"小狗崽")。莱克斯常常是狼宝宝,三兄弟里的保罗是狮子宝宝或者另一个狗宝宝。他们提高声调,模仿婴儿的口气相互交谈,表演各种场景:打架、互相帮助、寻找食物、受伤生病、每隔一段时间大声向对方询问动物爸爸和妈妈去哪儿了。

儿童的叙述和行为会相互影响——这一现象在研究中得到了很好的记录。[2] 有时,他们的语言先于行动并且会指导行动:"让我们把坚硬的树枝放在这里。是的,就是那边那根树枝。把它捡起来。它可以从这里搭到你那块石头上。"还有些时候,他们的谈论会改变游戏进程,常常会为原本简单的建造项目添加符号性或转变性元素。"这是我们睡觉的地方。在这里它不会被弄湿。只要说——你只要说:'浣熊宝宝,我冷!'我就会把毯子拿给你。"有时,他们的语言反映了他们做完的事情。"这样不行。这些树枝太脆弱了，太细了。我们需要在房屋之间搭一座桥。我们需要把桥搭得很牢固。"这种行为和语言之间的双向作用是儿童喜欢将现实转化成可能性的早期体现。

那个夏天，三个人的游戏重心从建造洞穴转变为在洞穴里玩耍。他们的游戏目标随着时间的推移而改变，先是建造屋顶，然后是将巨石侧面改造成墙壁，再然后是成为动物宝宝。在这个过程中，每个新目标都代表了他们需要解决的问题。第一个目标是如何在巨石和掉落的树枝之间做一些有趣的事情。很快，他们的目标变成了建造舒适的洞穴。反过来，这个目标又引导他们把洞穴打造成了舒适的环境，使他们可以在里面玩他们喜爱的"动物宝宝"游戏。这些目标在他们的前进道路上设置了具体障碍。如何加固屋顶？洞穴里可以有卧室吗？动物宝宝如何出入洞穴？在那个漫长的夏季，玩"动物宝宝"游戏和搭建洞穴的细节对这三兄弟来说是很独特的。不过，每当孩子们做游戏时，他们都会遇到需要解决的问题。有时，核心问题是发明一个全新的世界。

在 3 年时间里，两个 6 岁的女孩莫德和索菲经常一起坐车去学校。在日复一日的往返途中，莫德和索菲坐在莫德母亲的卡车后座上，面朝后方，感到只有她们自己，不知道所有人都可以看到她们、听到她们说话。在 25 分钟的车程中，她们说个不停。她们只讨论一件事：巴格齐兰，那是她们虚构的世界。她们不停地讨论和确定这个新世界的地形、地貌特征、生活在那里的人物以及他们的语言。

第二章 小小发明家 \\\

两个人很早就达成一致，认为巴格齐兰是一颗球体行星，上面的所有生物不是生活在行星外表面，而是生活在行星内部。要想进出巴格齐兰，你需要穿过活动门。

生活在巴格齐兰的角色有：沙滩小姐，她身材高大，穿着泳装坐在沙滩上，打着太阳伞；魔术师，他在巴格齐兰唯一一条直路尽头守着一口井；爆米花小猪崽，两个女孩一直说它们"非常普通"，说它们有时太普通了，很无聊；两位巴格齐兰的神，他们坐在行星顶部的太阳光线上，用喷壶给行星浇水；巴格齐兰还有其他没有名字的生物，他们站在活动门旁，将灰尘铲出行星，使之成为外层空间的星星。她们还经常给其他人物命名，但是没有充分构想出他们的角色设定。这些人物包括吞火者、唱歌的仆人以及有着卷发造型的步行者。巴格齐兰还有大脚趾形状的脚趾城（指甲是一座湖）和形似松饼的街区。

莫德和索菲花了几个星期发明巴格齐兰的语言。她们的书包里装有专门的小笔记本，用于记录这些事情。她们的语言基于英文字母，使用了英文的发音和字母，并在一种语言中改写了所有单词。在被她们称为"O.F."的语言中，字母表中的每个字母转换为另一个字母（比如用O、F、P、G分别代表A、B、C、D），这使它成了一种密码；"曲折曼尼库尔语"使用了相同的密码，但符号不同；另一种变体被用在"为什么语"中，在这种语言里，每个字母被替换成了短词（A、B、C、D、E、F和G分别变成了And、Why、All、Sky、Are、Star和Dull）。她们创造的前四种语言需要记忆,因此她们决定创造第五种更加便于使用的语言。她们称之为"巴格齐语"。她们中学期间一直在使用巴格齐语。

索菲和莫德专注于设计虚幻世界的各种特征,而不是像其他孩子那样专注于在这个虚幻世界里进行各种情景表演。她们花费了许多精力,确定了各种细节。在这样的例子中,游戏并没有为孩子带来需要克服的障碍——相反,莫德和索菲为自己勾勒了一个问题。一个完全不同的世界看上去是什么样的?里面有什么呢?她们为自己设置的问题是发明一个新世界,这个问题在3年的游戏时间里一直吸引着她们。[3] 和许多创造城堡、游戏和虚拟世界的孩子类似,她们是不知疲倦而且极具创意的问题解决者。不过,她们还没有使用更有经验的发明者使用的所有方法。一些发明形式是4岁孩子很难掌握的。

解决他人问题的能力

当研究人员试图在更加严格的条件下考察儿童的创新能力时,情况看上去有些不同。在被要求设计解决特定问题的具体工具时,小孩子似乎常常不知所措。当三四岁儿童无法在身边找到可以完成任务的工具时,阻止他们设计工具的因素是什么呢?通过一系列巧妙的实验,伊恩·阿珀利(Ian Apperly)、莎拉·贝克(Sarah Beck)及其同事试图确定为什么很小的孩子构造简单工具会如此困难。他们向3~6岁儿童展示了一个垂直悬挂的透明塑料管。管子很窄,手伸不进去。塑料管下面是一只带有把手的小桶,里面有一张好看的贴纸。他们对每个孩子说:"如果你能把贴纸从小桶里取出来,你就可以把贴纸带走。"[4]

塑料管旁边摆放着一系列工具,孩子可以利用这些工具想办法够到贴纸。其中,有一根洗管器。几乎所有孩子都很想拿到贴纸。年龄大一点儿的孩子往往可以取得成功,但三四岁的孩子却毫无办法。他们没有一个人想到显而易见的（也是唯一可能的）解决方案，即将洗管器一端弯成钩状，伸进塑料管，钩出装有贴纸的小桶。三四岁的孩子缺少执行这项精细任务所需要的动作技能吗？不是的。当研究人员向他们展示正确做法时，他们可以成功重复所有步骤（这本身也是一项重要技能，我们稍后会谈论这一点）。研究人员想，这个解决方案可能有点儿太复杂了。为验证这种想法，他们设置了类似的实验，但解决方案更加简单。这一次，所有孩子只需要把洗管器拉直，伸进水平放置的塑料管里，将贴纸从另一头推出来。不过，虽然这种创新技巧变得更简单了，但是这似乎根本没有帮到孩子。研究人员想，也许年纪较小的孩子不敢在没有明确许可的情况下改变工具形状。为验证这一点，研究人员用一只名叫海因茨的木偶向他们提供各种工具，并且说："海因茨有一些材料，你可以将其制作成合适的工具，以便拿到贴纸。"不过，即使提供这种适合儿童的明确提示，实验结果也没有发生明显变化。三四岁的孩子仍然无法制造工具，而五六岁的孩子很容易做到这一点。[5]

孩子这两个年龄段之间发生了哪些变化？阿珀利和贝克认为，年纪较小的孩子常常被"结构不良"的任务难住——这类问题的具体参数是他们不清楚的。他们想要贴纸，但是不知道他们需要克服哪些障碍。这就是科拉在捕捉蜥蜴时遇到的问题。当阿珀利和贝克最后向孩子们展示获取贴纸的两种不同方法并让他们选择更好的方法时，他们做得很好。同样的事情大概也适用于科拉：如果有人向她展示两个选项，一个是平直的木棍，一个是扫帚和收集蜥蜴的大纸箱，她就会选择后者。科拉并不是无法判断哪个解决方案更好，而是无法独自想出捕捉蜥蜴需要什么。她还没有想清楚这个挑战的全貌。

当我刚开始观察这些关于儿童创新的科研数据时，我感觉有点儿别扭。这些实验非常巧妙，很好地证明了科学家可以通过设计某种活动引导孩子做出某种行为，以了解孩子的思维活动。不过，我注意到，实验室结果和我的日常经历之间存在差异。到目前为止，在40年时间里，我一直在观察学龄前儿童的行为。我在实验室里观察了许多儿童，但我在操场、日托中心和我自己家这些自由而私密的空间里也观察了至少同样多的儿童。和我见过的设计捕捉行动、建造城堡、制造新玩具的孩子相比，在实验中面对贴纸和塑料管的孩子似乎更加困惑。

我决定和我的一些学生对这一主题进行更加深入的探索。我们首先认为，这项实验可能在两个方向上没有把握到事情的全貌，一个方向有点儿难懂，另一个则很简单。首先考虑难懂的问题。

也许，让孩子将洗管器弯成钩状的想法远在他们的认知范围之外。也许，生活在大学城内部及附近的被试几乎没有经历过需要制作钩子的活动，比如钓鱼。也许他们缺少必要的知识，也许知识本身才是发明的关键。

知识能否为发明提供帮助

电影制作人和记者喜欢讲述人们偶然或者依靠灵光闪现做出重要发明的故事。在关于巧妙发现的流行说法中，新颖独特的想法似乎是凭空出现的。路易斯·巴斯德（Louis Pasteur）在假期偶然留在实验室的液体上发现了奇怪的霉菌。本·富兰克林（Ben Franklin）用风筝在雷雨中探测到了电。不太有名的发明者取得突破时的情况也是类似的。贝特·格雷厄姆（Bette Graham）在20世纪50年代从事秘书工作。为了取悦老板，她用白色蛋彩颜料隐藏她的打字错误，最终发明了修正液，成了百万富翁。[6] 在许多类似的故事中，发明者的天真和无知为他们带来了帮助。不过，如果仔细考察这些发明（具有很大影响的发明以及人们在日常生活中设计的普通发明），你会发现完全不同的情况。大多数发明不是凭空出现的，而是来自发明者对相关领域的了解和对大量具体信息的掌握。

第二章 小小发明家 \\\

我继父是农民,几乎每天都要想办法关上牧场门,替换拖拉机部件,或者在细孔栅栏坏掉后想办法把一下子逃走的小鸡重新关起来。他的发明对世界并不重要,但对他很有用,而且常常很巧妙。他之所以能够做出门锁、栅栏和临时设计的灌溉装置,是因为他长期以来一直在设计其他类似的事物。他非常了解手边的材料,而且非常了解他想要解决的具体问题。卡车司机更容易提出更好的固定物品的方案;厨师更容易在缺少某些原料的情况下完成菜肴制作;救护技术员更容易在缺乏常规医疗设备的情况下让患者稳定下来。更加抽象的问题当然也是如此。教师更容易提出了解新学生的更好方法;法院律师更容易想出从不愿提供信息的人口中套出信息的最佳途径。专家常常比新手更有创意。

也许,在这些研究中,阻碍孩子解决问题的不是不成熟的认知,而是相关知识的缺失。也许,大多数学龄前儿童对需要通过制作钩子获取事物的情况接触得不够多。为研究这种可能性,我和我的学生丹妮尔·福克纳邀请两组儿童完成"将物体从管子里取出"的任务,一组是4~5岁的儿童,另一组是6~7岁的儿童。我们添加了一些新元素。首先,我们觉得贴纸不是一种很好的激励手段,因此用色彩鲜艳的培乐多彩泥捏了一个小人儿,让孩子把它从瓶子里救出来。其次,在展示装有被困小人儿的瓶子之前,我们向孩子们提供了也许可以为这项任务提供帮助的知识。通过这种方式,我们可以检验阿珀利和贝克研究的小孩子遇到困难的原因到底是创新能力不足还是知识不足。

/// 看见思维的成长

孩子们通过不同方式获得了背景知识。在第一个场景中，研究人员向小小被试讲述图画书中的故事。小女孩看到一条鱼在池塘里跳跃。她想看得更仔细，决定试着捕捉这条鱼。她环顾四周，发现一根木棍，将其弯成钩状。在故事结尾，她用钩子捉到了鱼，和它打了招呼，然后让它跳回了池塘。我们想知道，小小被试能否摄取故事中的信息并将其运用到洗管器任务中。

听故事不是获取知识的唯一途径，还有些孩子会通过各种亲身经历进行学习。在第二个场景中，实验者和被试尝试了将自己的身体"变成钩子"的不同方法。在第三个场景中，孩子们观看实验者用稻草制作钩子，并用它将东西从透明塑料瓶底部的切口中拉出来。在第四个场景中，研究人员邀请孩子用足够多的时间摆弄各种工具（包括最重要的洗管器）。这些场景以不同方式向孩子提供了相关知识，让他们熟悉了相关活动。随后，研究人员要求他们将透明塑料瓶里的小人儿救出来。这些知识能否为孩子的创新提供帮助？我们发现的情况并不是那么简单直接。

年龄大一点儿的孩子做得很好，迅速而轻松地将洗管器弯成钩状，并用它救出了小人儿。不管他们是听故事、自己动手做钩子、观看实验者解决类似问题、摆弄各种工具，还是根本没有获得任何背景知识，他们完成的结果都很好。这个问题及其解决方案似乎根本不需要太多创新，并且没有太大难度。实际上，大多数年龄大一点儿的孩子都在两分钟内解决了问题。

年幼的孩子则很少成功，即使他们之前接触到了有用信息也

第二章 小小发明家

是如此。任何准备工作都无法明显改变这一结果。乍一看，我们的数据推翻了我们的假设，即"相关知识的缺失是阻止小孩子创新的决定性障碍"。不过，当我们更加仔细地考察实验中发生的事情时，我们有了一些新发现。

对于迅速解决了问题的孩子，我们很容易知道实验何时结束。在我们的研究中，这适用于几乎所有年龄大一点儿的儿童。不过，这个问题对他们来说似乎太简单了，好像他们根本没有进行任何发明，只是对显而易见的问题使用了显而易见的解决方法而已。真正为我们提供宝贵信息的是那些没有在两分钟内解决问题的孩子。他们通常会继续尝试几分钟，测试各种方法。两分钟后，我们为那些没有迅速取得成功的孩子提供了一些线索，首先是最简单的线索："还记得你刚才做了什么吗？"对于仍然没有设计出解决方案的孩子，我们最后会说："做个钩子怎么样？"这个最终提示对所有孩子都发挥了作用。他们在最初的失败和最后的（在指导下的）成功之间所做的事情是这项研究最具启示性的成果之一。[7]

向创新靠近

为了接触到小人儿,孩子们常常用细绳和洗管器拍打戳弄瓶子的外壁。有的孩子似乎意识到,瓶子顶部的洞提供了成功通道。他们会抓起洗管器(他们总是首先选择洗管器),从瓶口伸进去。

有时,他们只会戳弄小人儿。有的孩子会试着将洗管器插进小人儿双臂围成的圆圈里,但是不会把洗管器弄弯。如果他们成功地将洗管器另一端插进圆圈里,他们就会发出快乐的声音,试图把小人儿吊起来,希望依靠技巧完成这项任务。不过,洗管器不够坚硬,无法完成这项任务。即使他们能把洗管器插进小人儿的双臂,但稍微被提起一点儿的小人儿很快就会滑下去。在这种方法连续失败几次后,孩子们常常会改变策略或工具。他们似乎并没有意识到,自己距离成功有多近。他们也没有思考如何对当前方法进行调整。少数几个孩子把细绳扔到塑料管里,试图触碰小人儿,甚至想要把细绳穿进圆圈。有时,这些孩子会把细绳垂到塑料管里,然后停下来,仿佛是在等待细绳自动实现某种操作。

孩子们在试图解决问题时常常会说话。他们的评论意味着他们想把自己在实验第一部分听到或做过的事情与钩子任务联系起来。一个听过钓鱼故事的孩子看着小人儿说:"它看上去像鱼一样。"一个将身体摆成钩子形状的孩子对抱成圆圈的双臂提出了疑问:"为什么它头上有个钩子?"一个在演示组看过实验者用稻草制作钩子并拉动线圈的孩子看着瓶子里的小人儿说:"这个(弯曲的稻草)就像钩子,尖尖的,而它的双臂就像线圈一样。"另一个孩子解释道:"因为我把它(洗管器)看成一个钩子,也把它(小人儿)看成一个钩子。"许多听过故事的孩子在试图解决问题时使用了钓鱼术语。一个孩子问:"我能用诱饵把它骗上来吗?"另一个孩子解释说:"你需要用某种钩状物把它弄出来……我在思考钓鱼的事。"另一个小男孩明确表示,他听到的故事对他的尝试产生了影响:"我只需要把它钓上来。怎样把它拉上来?等等,让我试试——让我试着做一个钩子,以便把它钓上来。我需要钩子。我们把钩子拿出来。我要把它钓上来!"孩子们在解决问题时的行为和语言表明,虽然他们还没有在头脑中把所有元素组织好,但他们在通过感觉一点点接近解决方案。

这种观察使我们相信,研究人员不应该将创新看成非零即一的成就。在我们的研究中,许多没能救出小人儿的被试都尝试了完全可行的方法，只要再进行一两次修改，这些方法就可以成功。通过记录他们在尝试过程中的话语，我们了解到，在设计解决具体问题的具体工具时，从无能为力到取得成功的转变不是跳跃式的，而是渐进式的。

成功的创新者对大脑思维过程的描述同样使我们受益匪浅。他们似乎知道自己在对特定知识加以利用。实验结束时，在被问及"你怎么知道这样做"时，一个观看过实验者将稻草弄弯以拉出其他物体的孩子说："我看到稻草上有钩，这就是原因。"故事组的孩子说："我把洗管器弄弯，因为故事里的人把它弄弯了。"另一个孩子说，她起初"忘记了"洗管器可以弯曲，但她随后"想到了那本书，想到了主人公是怎样做的"。最后，一个将身体摆成钩子的孩子谈到了发明过程的核心："它给了我灵感……我弯曲了我的身体。"我们看到，轻松取得成功的孩子和从未取得成功的孩子都在试图利用有帮助的洞见。

和成年人类似，当孩子在相关领域拥有一些先验知识和经验时，他们可以更好地进行发明创造。迅速取得成功和实现部分进展的孩子对他们掌握的信息进行了利用。这有助于解释为什么与解决实验者布置的任务相比，孩子在玩耍时似乎更具创意：他们在玩耍时解决的问题对他们更有意义，具有更大的激励作用——同时，在玩耍中，他们更容易接触他们熟悉的材料和场景。这种观察似乎是显而易见的，好像没什么意义。不过，它却常常被实验者忽视。在一定程度上，它也被教育工作者忽视了。

第二章 小小发明家 \\\

在 2015 年的电影《火星救援》[*The Martian*,由安迪·威尔（Andy Weir）的同名小说改编]中,马特·达蒙（Matt Damon）饰演的植物学家马克·沃特尼一个人被困火星。他面临着许多困难,包括在火星上种粮食。他在影音日记中宣布:"我要把这门学问弄明白。"这一幕有点儿滑稽,但它却说出了一个重要事实:你对某个领域（在这部电影里是生物学）的知识框架越完整,你需要的具体知识和记忆（比如火星上的农业）就越少,你也越能根据事情的一般规律发明解决方案。被困的沃特尼之所以能够创新,是因为他拥有许多背景知识。

4 岁儿童更有可能擅长他们经常玩的东西,比如关于美人鱼的场景或者飞机库。个体差异也很重要——有的人喜欢泥巴,有的人喜欢小型机器零件;有的人喜欢钓鱼,有的人喜欢茶话会。文化也会产生强烈影响,使孩子接近某些事物和实践,远离另一些事物和实践。和几乎所有新出现的心理过程类似,孩子的发明带有其所在社会的印迹。

为检验社会影响的重要性,卡里·内尔德纳（Karri Neldner）及其同事为来自各种文化背景的孩子布置了钩子任务。他们不仅考察了来自澳大利亚的西方化城市布里斯班的儿童,还考察了来自西南太平洋塔纳岛上的尼-瓦努阿图部族的儿童,以及来自南非普拉特方廷和卡拉哈迪地区的卡拉哈里布什曼儿童。他们还对实验方法进行了一些调整。他们为每个孩子提供了几种不同工具,允许孩子对每种工具尝试更长的时间,并且记录了孩子在采取目标行为之前和之后所做的事情。他们既扩大了文化边界，又扩大了实验本身的边界。事实证明，这很有效。和之前一样，在这三种文化背景中，年龄大一点儿的儿童都比年幼儿童更加高效熟练。不过，和之前的实验相比，在新的实验条件下，年幼儿童取得了更大的成功。没有高效、彻底解决问题，或者没有按照研究人员预期解决问题的孩子往往会尝试各种方法。例如，来自非西方文化的孩子有时会选择 3 块小零件，在不将其接连在一起的情况下把它们塞进管子里，成功取出目标物体，尽管这并不是实验者预想的解决方案。[8]

内尔德纳及其同事的结论是，某种文化内部的具体活动和物质对促使孩子从一种创新形式转向另一种创新形式发挥了重要作用。不过，这种转变是通过什么途径实现的呢？幸运的是，我们已经了解了特定文化元素进入儿童内心并影响其思想和实践的机制。

90 年前，列夫·维果茨基（Lev Vygotsky）提出，儿童在帮助下能够做到的事情预测了他们不久以后可以独立做到的事情。他将儿童当前无辅助的能力水平和有辅助的能力水平之间的距离称为"最近发展区"。[9] 之后的许多研究表明，帮助的性质会影响儿童未来的智力发展。如果成年人用提示性工具帮助孩子，孩子随后更容易在独自行动时使用工具。如果成年人建议孩子构想解决方案，这也会成为他们技能的组成部分。在我们的实验室里，4 岁儿童在没有提示的情况下永远无法解决钩子问题，不管他们

第二章 小小发明家 \\\

听到了关于钓鱼的故事，还是将自己的身体摆成各种钩子；4岁儿童在得到些微提示和提醒时的表现要好得多；6岁儿童觉得这项任务很简单，不管有没有提示都能解决问题。新的思考和行为方式可以在他人帮助下产生，这应该不会使人感到奇怪。"对于某事完全无能为力"和"轻松完成任务"之间存在一座心理桥梁。这座桥梁不仅是由儿童对他人行为的观察铸成的，也是由他们获得的具体协助铸成的。

在一项关于文化因素影响创新的有趣研究中，亚历克斯·贝尔（Alex Bell）、拉伊·切蒂（Raj Chetty）及其同事对美国120万名专利获得者和在社会经济地位、童年家乡、性别等各种特征方面与他们类似的非发明家的背景进行了比较。他们发现，成长时更加富裕、拥有各种其他阶级特权的孩子，发明创造的可能性要高得多。除了这些模式，他们还发现，在以创新和科学著称的街区成长起来的孩子做出发明的人数要多得多，不管这些孩子的父母是不是发明家。显然，在重视发明的城镇里生活的许多孩子都会受到影响。从总体上而言，男孩子长大后更有可能申请专利。不过，对于在拥有更多女性发明家的城镇里成长起来的女生，这个差距会变小。最后，长大后做出发明的人往往会在其童年所在街区占主导地位的科技领域申请专利。总而言之，金钱并不代表一切，智力也是如此，相关知识——在这里是与创新者的接触以及具体的创新实践——同样具有重要影响。[10]

进步还是退步

同时，三四岁儿童在经典钩子问题中的失败可能还有一个更简单的原因。也许，他们不喜欢为了发明而发明。为检验这种可能性，我和我的学生惠特尼·桑福德向4岁和5岁儿童展示了一系列材料：具有不同形状大小的木块、弹珠、斜坡、培乐多彩泥、橡皮泥、胶带、木轮、榫钉、彩色洗管器和科乐思积木。在一种实验场景中，我们让孩子们摆弄这些材料；在另一种场景中，在确保他们知道"发明"一词的含义后，我们让他们用这些材料进行某种发明。没有接到发明任务、只需要玩耍的孩子却进行了更多发明，而且对发明目标更加专注，这令我们有点儿吃惊。[11]

不仅如此，玩耍场景中的孩子会更多地谈论他们想要制作的东西和制作方式。发明场景中的孩子在描述和解释他们创造的事物时会遇到困难。当惠特尼询问他们在制作什么时，他们常常回答"我不知道"。相比之下,玩耍场景中的孩子会主动将他们的目标大声说出来,甚至会在开始摆弄各种材料之前首先确定他们想要解决的问题。一个小女孩热情地宣布:"我要制作彩虹上的蝴蝶!"一个小男孩解释说,他要用玩具搭建桥梁,因为他家的老房子建在河流中央。另一个女孩准备搭建她家的房子。值得注意的是,她会说出每个步骤的规划,并且尝试不同材料,以寻找最适合每个任务的材料。例如,她自言自语道:"用什么做毯子呢?"然后探索各种选项,最终决定把橡皮泥捏成毯子,放在父母的卧室里。

在随后的实验中,我们邀请了80个4～6岁的孩子用各种材料帮助玩具小人儿过桥,去救另一个人物。这种设定很有趣且富于戏剧性,提供了多种材料和很大的自由度,每个孩子都可以提出自己的解决方案。每个孩子都用材料设计出了过河的方法,这种成功率很值得注意。许多人提出了巧妙的解决方案,这与涉及钩子任务的研究形成了鲜明对比。所以,也许孩子可以在很小的时候做出发明,但是他们很难在大人的要求下做到这一点。有意识地利用自己的技能重新思考现实以解决他人提出的问题也许需要更多时间和情绪成熟度,这超出了小小发明家的能力范围。[12]

不过,随着时间的推移,虽然发明过程的某个部分变得更简单了,但另一项心理挑战也出现了。看一看下面这个例子。6岁的伊娃在自家门前用两个硬纸箱做了一个卖柠檬水的小摊。她想要一个铃铛,以便让顾客在她离开摊位时招呼她回来。这个铃铛必须足够响亮,使她在邻居家的门廊前也能听到,以便跑回来卖柠檬水。不过,她没有铃铛。她知道可以用其他事物替代——用某种一碰就响的东西替代。她理解这个问题的结构。不过,她环顾四周,并没有看到与铃铛存在任何相似性的东西。她看到了从垃圾箱里掉出来的纸杯、躺在人行道上的坏掉的自行车锁、母亲刚刚处理过的花盆旁边的水桶和其他园艺工具——不过,这些都派不上用场。此时,她正在骑滑板车的4岁表妹玛吉停了下来,对这个问题产生了兴趣。她很快发现了浇菜园的水桶,然后从里面拿出两个小铲子,叫道:"伊娃,瞧,瞧——我找到铃铛了!"伊娃看着她。"那不是铃铛!"她对表妹说道,"那是我妈妈的铲子。"当孩子可以更好地认识他们想要解决的问题时,他们的眼界也在变窄。

这种智力损失是有原因的,这个原因很让人意外。假设你把两岁的孙女、侄女或女儿抱起来,放在操作台上,让她看你打鸡蛋,她会饶有兴致地观察你把蛋壳打破,把蛋黄和蛋清倒进碗里。当你从抽屉里取出搅拌器,放进碗里,开始搅拌时,她会开始关注搅拌器,因为她之前从未见过这样东西。你也许认为,这些事物本身——摇摇晃晃的蛋黄、易碎的蛋壳和带有铁丝的搅拌器——会占据她的全部注意力。事实并非如此。她也会关注你想要做的事情。实验显示,婴儿具有探测人类意图的非凡本领,他们用这种本领指导自己与事物的互动。[13] 例如,在一项研究中,18个月大的幼儿观察像人一样的小机器人试着将鲜艳有趣的玩具

第二章 小小发明家 \\\

的两个部分拼起来，但在两个部分通过磁铁合到一起之前，机器人会犯错误。接着，实验者把玩具的两个部分交给小小被试，后者很快替机器人完成了任务。你可能会说，这些幼儿不是在帮助机器人实现目标，只是在执行显而易见的下一步而已。不过，在第二个场景中，幼儿看到了同样的连接失败，但是这种失败是由与人类没有相似性的机器做出的。这一次，幼儿很感兴趣，看得很认真，但是无法完成之后的任务。由此，我们可以推测，当幼儿将玩具两个部分连在一起时，他们是在帮助另一个似乎拥有某个目标的人。儿童对人类意图的迅速掌握决定了他们对玩具两个部分的处理方式。[14]

这种探测人类意图的能力是成长中的重要部分，因为它使儿童对人类和人造物品的世界有所了解。在这里，成长故事变得复杂起来。虽然婴儿可以推测一个人使用物品的意图，但他们直到几年后才能弄清一些物品是专为特定用途设计的。幼儿无法分辨自然事物和人造物品——后者是人类有目的地制造的事物。例如，16个月大的孩子很快就可以注意到，父亲在清理餐桌时会把盘子叠起来，或者用耙子把落叶扫成一堆。不过，他无法明确区分石头和用于研磨坚果的工具杵。两者都能研磨坚果，他能注意到的仅此而已。他知道特定事物能够做到的事情，也知道一个人可能如何使用某件物品，不过，他并不会觉察到某件物品是某人为了某个目的设计的。

对于发明而言，这种无知是一种资产。通过一些巧妙的实验侦察，我们对其中的原因有了更多了解。在一项很有启发性的研究中，蒂姆·杰曼（Tim German）和格蕾塔·德费特（Greta Defeyter）邀请5～7岁的孩子坐在桌前，桌上摆着各种小物件：木偶、塞进透明塑料长管里的塑料狗，还有一些其他玩具。他们向每个被试讲述了木偶萨姆想要乘坐宇宙飞船进行长途旅行的故事。接着，他们向孩子们展示了萨姆在旅途中携带的一些物品，包括吸管、铅笔、纸板、杯子、乒乓球和塑料尺。在一种场景中，实验者向孩子展示了杯子和吸管的用途。他们展示了萨姆是如何用吸管和杯子喝水的，以及他是如何用铅笔在纸板上写字的。在第二种场景中，他们没有告诉孩子吸管和铅笔的用途。接下来，实验者向两个小组里的每个孩子解释说，萨姆淘气的狗狗托格逃跑了，卡在了透明塑料管里。然后，实验者问每个孩子："你能帮助萨姆把托格从塑料管里弄出来吗？"[15]

在这里，实验设计发挥了作用。在第一种场景中，孩子知道了铅笔和吸管的设计用途，其中只有铅笔足够长、足够细，可以把托格从塑料管里弄出来。年纪较小的参与者选择用铅笔弄出托格，不管他们是否知道铅笔的用途。他们专注于哪样物品拥有适合完成这项任务的功能。不过，年纪较大的孩子被"铅笔用于书写"这一信息束缚住了。他们刚刚获得的设计意识成了一种阻碍。

6岁的伊娃失去了将铲子看成铃铛的能力，但她的表妹玛吉还没有从预定功能的角度思考问题，可以更加自由地解决柠檬水

第二章 小小发明家

摊位的问题。研究指出了一个看似深奥但其实非常核心的思想：在大约 6 岁以前，孩子相对不会受到"某件人造物品是某人为了某一预定目的设计的"这种意识的限制。由于年纪较小的孩子还没有通晓"设计理论"，因此他们对事物的其他用途更为开放。

这种开放性显然具有很大的价值。在许多创造性测试中，人们越是能够摆脱钢笔、叉子、木棍等事物预定用途的束缚，他们的思想就越发具有多样性，他们的创造性得分就越高。[16]孩子面对世界时的单纯使他们获得了另一种更加模糊但非常重要的创新力量——他们似乎可以更加无拘无束地判断哪种方法可能有效。[17]他们的灵活性在另一方面也很有用：他们可以非常敏捷地使用发明过程中的一个重要工具——因果推理。

什么在起作用？学会发现原因

婴儿在很小的时候就可以构建关于世界的假设，并且可以用这些假设指导自己的行动。比如，他们往往会对眼前的事物和行为进行概括，形成关于事物运转方式的总体概念和抽象理论：孩子会发现敞开或空心的物体会漂浮在水面上，封闭而沉重的物体会沉到水里；小物体可以稳稳地停在大物体上面；如果一件物品上面有孔，他们就可以把其他东西插在里面。例如，在一组研究中，2.5～4岁的孩子观看实验者拿起不同形状和颜色的积木，并用它们触碰"布利基特"（Blicket）检测器。这种机器在被某些积木触碰时会演奏音乐和发出闪光。小小被试们看实验者测试了一些积木，其中只有部分积木能够激活检测器。之后，4岁的孩子很容易就能预测到哪几块积木可以激活检测器，因此它们一定是"布利基特"。孩子们可以迅速破译出那些帮助他们变得高效和成功的模式及规则。推测"布利基特"就是他们最早参与理论

第二章 小小发明家

构建的一个例子。[18]

这种能力很强,但是还不够。许多日常活动很复杂,孩子需要通过某种策略弄清哪种因果理论可以帮助他们理解相关事件。看看下面这个例子。一个5岁的小女孩和她7岁的哥哥在卧室里还没睡,但他们的母亲早就在自己的房间里睡着了。他们听到开门声,然后是一连串脚步声。接着,他们听到更多脚步声以及开门声和关门声。他们确信有陌生人进入了他们的房子。他们躺在床上,互相说着悄悄话,试图弄清他们应该害怕到什么程度。他们第二天早上的叙述表明,他们在谈话中尝试了不同理论。也许来了一个杀人犯,杀了母亲,然后逃跑了;也许杀人犯没有走……可能不止一个人……他们可能正在走向儿童房;也许上天觉得他们的恐惧还不够,因为他们接下来听到了菜刀切在案板上的声音。怎样解释这种新出现的声音?最后,他们下了床,手牵着手,悄悄离开卧室,向厨房走去。在那里,他们看到了两个十几岁的堂兄。原来,两个人前后脚来到了他们家里,决定做一顿迟到的晚餐。

虽然大部分谜题不会引发如此惊人和紧张的推测,但是类似的谜题每天都在出现。这些情况所需要的基本思维很常见,也很重要。面对意外情况,我们想要而且需要弄清原因。有时,最佳策略是从许多可能的原因中挑出可能性最大的原因。例如,在一个闷热潮湿的夜晚,你在郊区住宅里听到一阵雷声。这时,停电了,你想知道原因,也许是闪电使树木倒在了电线杆上;也许是镇上的人全都打开了空调，导致电压不足；也许是你自己家的保险丝断了。你觉得这些事情很可能发生了不止一个。心理学家称之为"分离性因果假设"。"有一个需要确定的原因"这一假设可以帮助我们简化世界，更加有效地行动。不过，某些情况需要另一种因果理论。一项研究报告的作者举出了微波炉的例子。要想让微波炉工作，你既要插上插头，又要打开开关，这两个原因都是必要的，但任何一个原因都是不充分的。[19]当你怀疑你所面对的是这种情况时，你的假设就被心理学家称为"关联性因果假设"。有时，这种理论更加有效。在这方面，小孩子具有优势。

成年人往往认为，大多数事情都有某种原因。不管在什么情况下，他们都必须弄清这个原因是什么。这种策略通常很有效，但并不绝对。前面说过，小孩子善于弄清哪些积木可以将机器激活。在另一项使用同一种"检测器"的研究中，研究人员设计了更加复杂的任务，对成年人和儿童进行比较。他们仍然向被试展示机器，并且告诉他们，一些积木放在机器上时可以将其激活。这一次，一块积木无法单独激活检测器。要想让检测器出现反应，被试需要两块积木的某种组合。在大多数情况下，成年人被难住了，因为他们陷入了分离性因果假设的陷阱之中。不过，孩子们可以更加灵活地处理这个问题。当他们刚开始面对问题时，他们往往也会一次只尝试一种积木。不过，当这种策略无效时，他们会转向另一种策略，用"关联"理论尝试不同的积木组合。小孩子的优势在于，他们可以根据情况在两种假设之间转换。[20]

为什么儿童可以比成年人更好地猜出正确的解释？克里斯托弗·卢卡斯（Christopher Lucas）及其同事指出，分离性规则更加常见。成年人的生活经验比儿童丰富，因此他们更加执着于他们经常遇到的解释。[21] 换句话说，对于因果解释，孩子的相对单纯会使他们更容易对眼前的实际情况做出反应，不会受到之前经历的太多限制。这个例子很好地说明，虽然儿童在思想构建的一些方面存在局限性，但是他们的单纯为他们带来了一些优势。他们的经验不足也有助于解释发明技能中的另一项重要元素。

模仿的价值

再说回科拉。我们之前看到,科拉反复尝试用木棍捕捉蜥蜴,但是没有成功。现在,科拉6岁的哥哥弗兰基走过来看热闹。"你只是在用木棍戳蜥蜴,"他嘟囔道,"你需要捉住蜥蜴。"弗兰基拿起两根木棍,试图把它们当成筷子或镊子来使用。科拉看了一会儿,然后开始亲自尝试。她也许无法确定"问题的标准参数",但她知道如何模仿哥哥。

前面说过,贝克和阿珀利的研究表明,虽然儿童难以独自够到奖品,但是当他们看到成年人的示范时,他们可以很熟练地完成任务。他们是熟练的模仿者。[22] 总体而言,这是一件好事。事实上,心理学家相信,人类模仿他人行为的倾向可以解释我们构建和传播文化的能力。我们不仅能像其他物种一样具有模仿能力,而且会过度模仿,这是人类的特有现象。在一项研究中,研究人员向小孩子和野生黑猩猩展示了如何从不透明的盒子里拿到奖品。[23] 实验者将木棍插到盒子顶部的小孔里,然后打开盒子侧面的小门,用木棍取出奖品。轮到自己时,黑猩猩和三四岁儿童都忠实地模仿了将木棍插到小孔里,然后打开侧面的小门这两个动作。随后,实验者向另一组黑猩猩和儿童展示了同样顺序的动作。不过,这次的盒子是透明的。在这种条件下,你可以明显看到,从顶部插入木棍和取出奖品没有任何关系。在这里,差异出现了。黑猩猩忽略了第一个无效动作,只模仿了有效动作,即打开小门,用木棍取出奖品。不过,儿童忠实地重复了他们观察到的两个动作——包括有用和没有用的动作。

我们进入他人世界的意愿会限制我们的发明能力,尤其是在我们很小的时候。随着孩子年龄的增长,他们会更加清楚什么时候应该提出自己的解决方案,而不是模仿他人。凯莉·卡尔(Kayleigh Carr)及其同事指出,即使成年人设计工具的方法是错误的,4岁儿童也会模仿他们。不过,到了8岁时,他们只会模仿成年人的成功创新。当成年人失败时,他们会选择自己设计工具。[24]

对弗兰基的模仿使科拉距离捉住蜥蜴更近了一步。不过,这还不够。弗兰基跑进厨房,拿出了各种烹饪用具,包括一些金属钳子、一把刮刀和一只小筛子。两个孩子尝试了钳子,但是它们用起来又慢又笨拙。科拉试着在蜥蜴经过时把刮刀拍下去。弗兰基不赞同这种做法:"那样只会把它压扁。"弗兰基举起网状的筛子,等待蜥蜴再次出现。当蜥蜴出现时,他把筛子扣下去。不过，蜥蜴的速度仍然很快，很轻松地逃了出去。

幸运的是，弗兰基和科拉的一项技能此时派上了用场：他们善于将熟悉的元素以新的方式结合起来。即使是幼儿，他们也能把他们之前学会的动作组合成新的顺序。如果他们知道如何搭积木，而且玩过将球来回滚动的游戏，那么他们很容易独自发展出将球滚向积木塔的新游戏。这种始于游戏的早期重组能力是用熟悉的词和短语生成新句子这一更加复杂过程的基础。杰罗姆·布鲁纳认为，这些身体运动的早期结合为儿童提供了"行为语法"——这些动作顺序包含了主语、宾语和动词，为儿童提供了进入语法世界的入场券。[25]

弗朗西斯·苏比奥（Francys Subiaul）及其同事发现，儿童既可以将这种重组技能运用到他们已经知道的语言和动作中，也可以运用到新的经历中。在他们的一项研究中，两个成年人向每个儿童展示了装有漂亮贴纸的复杂木盒，只有操纵盒子的不止一个部分，他们才能打开装有贴纸的抽屉。孩子们看到一个成年人演示第一个必要动作，然后另一个成年人演示第二个必要动作。即使是三四岁儿童也会迅速发现，要想拿到贴纸，他们需要重复两个成年人的动作——心理学家将这一技能称为"总结性模仿"。这意味着儿童不仅可以模仿各种小动作和行为，而且可以将这些行为组合起来，以实现新的目标。通过这种方式，即使是学龄前儿童也可以像专业人士一样进行发明。[26]

科拉盯着短柄筛子看了一会儿，说："让我们把它粘到木棍上吧!"她跑回厨房,找出一卷胶带,两个孩子动手把两样东西粘在一起。现在,他们有了一个足够长,并且可以将物体装在里面的工具。4岁的科拉头脑足够灵活,认识到她需要一个拥有两种重要功能的工具。她和弗兰基拿着新的捕兽器悄悄地等待。当下一只蜥蜴从石头下面钻出来,开始在石头上爬行时,弗兰基把新工具伸到蜥蜴前面,然后扣下了筛子。被围住的蜥蜴一头冲进了金属网,弗兰基成功把它舀了起来。他们终于捉住了蜥蜴。科拉能否独自完成这项任务?也许不能,但弗兰基自己可能也做不到。

站在小小巨人的肩膀上

马克·尼尔森（Mark Nielsen）指出，人类发明更加令人震撼的特点之一在于，我们几乎永远不会凭空发明。相反，我们几乎总是将他人的发明作为基础。这是因为，我们可以向身边的人学习，重复他们的创造，觉察他们对事物的预定用法。用尼尔森的话说，"人类文化的重要特征在于，我们不仅很容易将技能从上一代传到下一代，而且这些技能可以得到修改和改进，这种改进有时具有惊人的速度"。接着，尼尔森提供了关于改进速度的绝佳案例："例如，克雷芒·阿德尔（Clément Ader）在1890年制造了第一架重于空气并由人类操纵的动力式飞行器。这当然是一项了不起的成就。不过，不到80年时间，这架蝙蝠翼单翼飞机已经演变成了将尼尔·阿姆斯特朗（Neil Armstrong）和埃德温·奥尔德林（Edwin Aldrin）送上月球的飞行器。"[27]

小孩子似乎可以进行早期形式的"在他人基础上的发明"。

第二章 小小发明家

只要观察任何一群4岁儿童的过家家游戏,你就会注意到,只要有一个人将毛刷当成电话,其他人就会在游戏过程中一直使用它作为电话。他们会注意到其他人对事物的转换,接受别人将某种事物想象成其他事物的做法,而不是仅仅将其当成原来的事物看待,并以此作为游戏的基础。

我们常常觉得发明家是怪人和书呆子,整天独自在实验室里(也可能是在泥泞的道路上)搞研究。不过,大多数时候,科学家并不是单独工作的。他们相互合作,交换数据,试图复制和改进他人的发现,将前人的工作作为研究基础。儿童也一样。

两个总比一个强

如果你想一下科拉捕捉蜥蜴的过程，你就会注意到，当她的哥哥对这件事产生兴趣时，科拉的选项增加了。这种事情一直在发生。早在20世纪70年代，当人们从丹尼尔·卡尼曼和他的长期合作者阿莫斯·特沃斯基（Amos Tversky）工作的房间前经过时，可能会听到热情洋溢的谈话和许多笑声。卡尼曼和特沃斯基对人们在日常生活中做什么和不做什么的决策方式进行了开创性研究并以此著称，他们常常坐在一起讨论各种思想。他们喜欢一起工作。不过，这不仅仅是有趣而已。他们意识到，这种交谈可以极大地加强每个人的思想。正如凯斯·桑斯坦（Cass Sunstein）和理查德·塞勒（Richard Thaler）所说："他们真的不知道一个人的思想在哪里结束，另一个人的思想在哪里开始。"[28] 和玩耍的儿童类似，寻找解决方案的过程和解决方案本身一样令他们兴奋。卡尼曼对于自己的研究评论道："每当我发现我的想法存在

第二章 小小发明家 \\\

缺陷时,我都会有一种前进和发现的感觉。"[29] 对于科学发明来说,两三个人的头脑常常比一个人要好。儿童非常适合通过合作解决问题。

亨利有一个问题。他的前裆开口常常自动打开。他每天穿上牛仔裤,扣上衬衫,蹬上运动鞋,走向学校。到了四年级的教室,他低头一看,发现拉链已经滑到下面了。他需要把拉链拉起来。如果他和其他男生在一起,他不会特别在意,有时,他们会嘲笑他的拉链不听话;如果有女生在场,事情就不那么好笑了。如果她们取笑他呢?如果她们看到了他露出的内裤呢?他会羞怯地偷偷走到教室角落,躲在植物或书架后面,把拉链拉起来,压下那个据说可以把拉链固定住的金属牌。他的母亲有时会看到他的手伸向拉链,迅速而熟练地拍一拍,以确保拉链是拉上的。

这只是个小问题,和其他许多困扰在校学生的问题(比如丢失的家庭作业、放屁、不忠的朋友、潮湿的三明治)类似。不过,当四年级老师要求班上每个学生想出一件需要想改进方案的事情,以便为下个月的发明活动做准备时,亨利想到的就是这个问题。他的朋友哈里立刻决定参与这个活动。亨利是年中来到这所学校的,谁也不认识。哈里比亨利胆子大,有点儿喜欢炫耀,但他渴望获得最好的伙伴。在亨利到来的第一天,哈里就感受到了他是适合打造四年级活力二人组的对象。刚刚转学的亨利很高兴能快速交上朋友。他们当然会合作研究这个项目。

提出这个问题的人是亨利,但哈里收集了所有可能有用的材

113

料，包括绝缘胶带、木质压舌板、布料和线。他们讨论一阵，看看拉链，再讨论一阵，然后开始组装最初的发明。亨利称之为"拉链头"。他们将几十厘米长的胶带粘在压舌板上，使之拥有足够的重量，以对抗拉链拉手的重力。他们把它连在同样用胶带制作的牢固的绳子上。他们在绳子上加了一条足够细的线，穿过牛仔裤扣子对应的那个洞，在拉链拉手上打上结。他们的拉链头做好了。

朋友们围过来看，兴高采烈地批评这项设计——它没有用，太重了，很笨拙，本身也会带来问题。不过，哈里反对他们的观点。虽然拉链头不是他想出来的，但他是拉链头的坚定支持者。他说，它没有任何问题，它会使拉链保持关闭状态，既不太大、不太长，也不太重。每个人都在讨论。最后，老师介入了。"你需要试一试，"法内利女士对哈里说道，因为哈里是团队中更固执、更喜欢发言的人，"如果不使用，你就不会知道它是否有效。"

哈里愿意尝试。第二天，他带来一条牛仔裤，他们把拉链头装在上面。第三天，他戴着新设计来了。果然，这个新设计常常打到他，将他的裤腰往下拉，而且制造了一系列新问题。哈里和亨利不得不回到绘画板前面。在老师的建议下，他们讨论了设计问题。经过接下来几天的对话（常常被数学、阅读、体育和其他事情打断），哈里和亨利开始认识到，修改设计是没有用的。如果他们把拉链头做得足够小、足够轻，来避免其他问题，它就无法支撑拉链了。而且，他们无法解决穿戴者走路时拉链头来回摇

第二章 小小发明家

摆的问题。

法内利女士建议他们放弃最初的设计,想想其他策略,并让他们思考拉链下坠的各种原因。在几次短暂的讨论都以失败告终后,亨利有了一个想法。"我们不需要用重量限制它,"他若有所思地说道,"我们只需要阻止它移动。"哈里产生了跳跃式思维:"我们可以做一个障碍物。"一个小女孩从旁边走过,听到了两个男生的对话,插嘴道:"你们需要魔术贴。"第二天,他们设计了有效的拉链头——此时的拉链头已经演变成了阻碍物。他们将魔术贴的两片小布块缝在拉链顶部两端,它们可以在被拉到最上面时合上,阻止拉链头滑下去。

拉链头代表了发明的全新阶段,它与三四岁儿童短暂而具有很大局限性的发明存在很大区别。亨利和哈里为这个项目花费了几天时间,而不是一小会儿。它涉及思考、修改和反思。它还涉及其他人。如果没有人要求亨利和哈里去搞发明,想出一个需要解决的问题,他们可能永远不会试图解决亨利的拉链问题。他们的老师还为他们留出了许多研究时间,并且提出了一个重要步骤——对第一版发明进行测试。不过,参与其中的不仅仅是法内利女士。其他孩子也对他们的发明感兴趣,并且可以随意观察和讨论。过多的帮助会促进模仿、抑制发明,尤其对年纪较小的孩子而言。不过,恰当的参与程度和参与种类(建议、挑战和鼓励)可以改进过程和结果。

总体而言,上面介绍的研究可以使我们了解小小发明家的想法。发明需要各种智力工具，包括模仿能力、确定问题结构的能力、事物在心理上的转换和实际转换，以及接受或忽略事物预定用途的灵活性。这些优势以拉锯的形式发展，最终组合成复杂的能力。

研究还显示，虽然儿童在很小的时候就开始发明了，但他们的创新力量在一些不明显的方面存在局限性。例如，他们的模仿倾向既是发明的朋友，也是发明的敌人。他们对物品设计和预定功能的习惯也是一把双刃剑。他们不是很擅长以一种解决问题的方式构建问题，这在一定程度上解释了为什么他们只能解决最实际、最直接的问题，比如够不到的饼干罐和无法沉入水底的玩具。

同时，同年龄较大的孩子和成年人相比，小孩子不太容易受到解释能力和关于解释性质的理论的限制。因此，他们更容易关注眼前的数据。这样一来，他们不仅可以发现有些意外的解释原则（比如关联性原因而不是分离性原因），而且可以对一些物品提出比较新奇的使用方式。虽然三四岁儿童在面对结构不良的问题时存在局限性，但他们具有开放的思维。所有这些倾向和能力的组合需要一段时间。只有到了八九岁左右，儿童才能掌握成为真正发明家所需要的全部技能。不过，要想准确认识到发明对于智力发展的作用，你需要更加开阔的视角。如果盘点小学生的发明，你不仅会发现各种小玩意儿、建筑模型和游戏，而且会发现各种音乐、小说、社团，甚至体育比赛。

第二章 小小发明家

科内韦戈不会天天下雨。在夏日许多漫长的白天里，小罗杰·博尔顿只能自己找事做，或者替父亲开拖拉机。他从很小的时候就开始开拖拉机了。在那些日子里，他无法修建水道系统。作为在那个农场里孤单长大的孩子，博尔顿现在还清晰记得，当他坐在拖拉机上或者等待父亲回家时，他虚构了一些不存在的棒球队和橄榄球队，并且在头脑里编排了漫长且细节详尽的比赛。他最喜欢的虚构球队叫作红袜队，尽管他从未去过波士顿。他现在还记得他虚构的球员：詹姆斯·斯特雷奇·斯坦利是一垒手，弗雷德·西姆斯是三垒手，格罗弗·兰茨是游击手。"我会从头到尾编排整场比赛的内容，具体到每次防守的细节，比如：斯特雷奇鱼跃接球，终结了这一局！"博尔顿不是运动员，但他喜欢体育运动，读过许多运动员的传记。他利用父亲每天阅读的当地报纸追踪一些球队的信息。"我知道规则，拥有关于每项运动的许多信息，"他回忆道，"尽管我不会玩。"

发明是多种多样的。故事、虚拟运动和音乐等头脑发明与创造设备和工具类似，需要使用许多相同的智力元素。在每一种发明中，孩子必须确定他们想要解决的问题。他们必须认识到，解决方案需要新的或者并非现成的事物，比如设备、工具、符号系统、故事或者脚本。他们必须解决整个问题，尝试各种元素的不同组合，试验可能的解决方案，在需要时做出修改，并在发明取得成功时意识到已经成功，不管这项工作需要 60 秒还是 6 天。

到了 9 岁，孩子几乎已经拥有了做出巧妙创意发明的所有必要智力技能。他们能否用这些技能设计新的事物和装置，在一定程度上取决于他们在成长过程中的机遇。通往间歇式雨刷、改良版经济政策和基因分离器的道路始于 3 岁。出生于 2005 年的阿尔玛·多伊彻（Alma Deutscher）在几年前已经成了备受欢迎的钢琴家、小提琴家和作曲家。她在 6 岁时创作了第一首钢琴奏鸣曲。即使像阿尔玛这样的奇才也会对她在玩耍时的发现加以利用。关于她的一份介绍称，4 岁时，"她会连续几个小时坐在钢琴前，创作一些旋律，她说这是被她称为特兰西瓦尼亚的虚拟世界的歌曲。"[30]

临时梯凳、充当潜水艇的水桶、从够不到的地方取出奖品的工具、虚拟世界以及拉链头都可以帮助儿童成为优秀的思想者。不过，发明产物不限于这些实实在在的解决方案。老年的罗杰·博尔顿在回顾自己的学术生涯时歪起了脑袋，突然想起了一件事："你知道吗，我对经济制度的科研兴趣始于我父母家外面的那堆泥浆。"

第三章

对抽象概念的认知

你知道我为什么晚上不能入睡吗,妈妈?要我告诉你吗?因为我在想事情。

——苏珊·艾萨克斯引述 4 岁的厄休拉的话

▼
▼
▽

阿迪收集虫子和骨头。博尔顿在泥巴里玩耍。不过,在某个时候,触觉探索和手工发明会引发另一种智力工作:孩子们开始进入抽象概念的世界。这种发展方面的转变大部分被成年人忽视了。这也许是因为,塑造我们生活的思想也会被人忽视。通常,某种思想越强大,它就越不容易被人注意到。

快到 30 岁的时候,我开始梦到一所房子。我做这个梦不是一次,也不是两次,而是许多次——多年来,我也许有五六十次梦到过这所房子。在梦中,我在房子里。房子每次都让人感到平淡无趣、失望。有时,房子是错层式的,类似于史蒂文·斯皮尔伯格(Steven Spielberg)的电影《吵闹鬼》(*Poltergeist*)中的房子。我觉得它很难看,甚至很阴森。房间里没有窗户,只有廉价的装饰。在我的梦中,我对住在这样的房子里感到很失望。我怎么会沦落到住在这样无聊、陈旧、低劣、不符合我品味的地方呢？有时，我感到恐慌：我怎么会住在如此错误的房子里呢？接着，我会醒来，看到我真实的房子——这是我和丈夫亲手翻修的旧仓房，它完全符合我的品味，是我的最爱，尽管它既土气又古怪。虽然我在梦中感到了短暂的恐慌，但醒来后我感到了极度的愉快。

在我做了同样的梦几次后，大约32岁时，我和母亲详细讲述了这件事。她露出了奇怪的笑容，仿佛在说："我知道这是怎么回事，但我不会告诉你。"

"怎么了？"我问道，"你的笑容是什么意思？"

"这个梦与你的婚姻有关。"

什么？真的吗？我感觉不是这样。不过，她60多岁，我30多岁；她学过精神分析，我没学过。我不能完全确定她是错的，所以我什么也没说，继续做着关于房子的梦。

当我到了40多岁时，我的梦扩充了新内容。我会出现在那个可能具有错层样式、显然很廉价的房子里，感到很失望、很难过、很恶心。接着，我会注意到之前从未见过的门或过道。有时，一个朋友或亲属会提议穿过那里，进入那所房子里我之前不知道的一个区域。这个区域通常有许多房间。它们有的可爱而宽敞；有的肮脏而潮湿，贴着陈旧发霉的墙纸。看到这些房间，我会产生混合着不安和兴奋的奇怪感觉。

我感到毛骨悚然。在这些还没有探索过的房间里，我会发现什么呢？里面要是有可怕的东西怎么办呢？要是有死去的动物、腐烂的食物和破损的家具怎么办呢？想到我一直住在这所房子里，但却不知道还有这么多房间，梦中的我常常会感到不安，就好像某个隐身人一直在监视我一样。同时，我也会对我的房子有这么大感到高兴。我会坐在某个新发现的房间里的躺椅上，思考我的决定：一个房间可以作为书房，一个房间可以作为餐厅。我可以将许多房间用作客房，甚至可以拥有第二间厨房。这些选项似乎是无穷无尽的，而且极为诱人。随着年龄的增长，这些神秘房间带来的激动开始超越我对房子难看样式的不满，恐惧逐渐退去。随着梦境的反复出现，我开始对这些房间带给我的无限可能性感到欢欣鼓舞。

我的儿子威尔也有反复出现的梦。他一次又一次地梦到野生动物。小时候，在他的梦中，他和动物搏斗，或者遭到动物攻击。十几岁时，他开始梦到拥抱动物的情景。还有些时候，它们会把他撕成碎片。在他刚成年的时候，他又一次梦到一只一半像狼一半像驼鹿的大型野兽，它不断缩小，直到变成一只不再具有威胁性的小动物。

我最后对他说："你梦到的是你的冲动。"

"是吗？"他带着冷静而怀疑的表情看着我，"那么，你的梦呢？那是什么？"

第三章 对抽象概念的认知

我一下子完全清楚了我的梦一直以来的含义。那所房子是我的无意识(unconscious)。那些房间代表了我头脑中大部分无法被我知晓的内容。我想,我的无意识思想和感觉就像那些意外的房间一样有点儿可怕。这些潜伏在水面下的更加阴暗、更加猛烈的思想当然会使我感到不安。我知道我拥有这些感觉,但我并没有真正面对它们,这就像是发现你住的房子里有一个你不知道的房间一样。而且,就像在梦中那样,当我有机会研究自己更加狂野、更加大胆的思想时,我不仅感到不安,而且感到兴奋。它为我提供了一次冒险,非常类似于进入之前从未见过的神秘而具有吸引力的房间。我抓起儿子的胳膊。

"哦,天啊!我知道我的梦是什么意思了。那些房间?它们是我的无意识。"我兴奋地说道。我还向他讲述了他的外祖母多年前和我说的话,说这个梦是我对于过早结婚的矛盾心理。

"根本不是这么回事,"我说,"我知道这是不对的。我一直觉得她的解释有问题。"

威尔眯起了眼睛:"你在开玩笑吧?她的解释和你的解释是一样的。"

"不,她认为这个梦与我结婚太早有关,"我抗议道,"但是事情并不是这样。那些房间代表了我自己的内心。两者差异很大!"

"不，"威尔露出了诡异的笑容，"不管怎样——你的梦也好，我的梦也好；你母亲的解释也好，你的解释也好——它们都是同一种思想的不同版本。"

他说对了——我们三代人都在谈论一件事：我们的梦揭示了我们在清醒时无法承认并且不愿意承认的感觉和想法。无意识思想极为重要而且普遍存在，但我们却对其视而不见。不过，事情总有例外。

1896年，当弗洛伊德（Freud）坐在书房里试图理解患者的抱怨时，他第一次对无意识做出了明确阐述。许多人都很熟悉这个故事的基本概况。作为接受过培训的医师，弗洛伊德对一些患者表现出的神秘症状产生了兴趣，这些症状包括不断咳嗽、食欲丧失、嗜睡、四肢无法正常运转。他可以亲眼看到，他们的痛苦是真实的。不过，任何身体原因都无法解释他们的问题。弗洛伊德起初深受神经学家夏尔科（Jean-Martin Charcot）的作品影响，后来又受到了医师约瑟夫·布洛伊尔（Josef Breuer）的影响。他开始编写他的第一份理论草稿。他认为，他的患者在亲戚或者其他成年人那里遭受了各种性创伤，这些创伤没有留下身体痕迹，而且被遗忘了。他认为，这些被埋藏起来的受虐待记忆最终导致了身体症状。不过，他的许多同事和朋友都反对他的理论，包括他非常崇拜的布洛伊尔。他们说，这种理论笨拙、荒谬而令人费解。

第三章 对抽象概念的认知

弗洛伊德在强烈信念与难以摆脱的不确定感之间徘徊。在某个时候,他开始怀疑自己。他想,真的会有这么多患者在很小的时候经历过性侵犯吗?这似乎不大可能。他的自我怀疑可能会使他走向另一条道路。例如,他可能会认为这些患者只是在伪装,或者说在装病,这种说法在19世纪末很流行;或者他可能会推测,是一些还没有被他发现的特定身体原因导致了各个患者的症状。不过,他的思想并没有把他引到这些方向上。他开始考虑相反的可能性:也许他的这种思想还处于萌芽阶段,不够成熟。他的患者可能并不是小时候遭到了侵犯并将其遗忘;导致他们症状的原因可能不是被埋藏的记忆,而是被埋藏的感觉和思想。弗洛伊德的传记作者彼得·盖伊(Peter Gay)将他人生中的这段时期描述为心理分析的诞生时期。[1]这也许是事实。不过,与此同时,另一种更具革命性的事物正在弗洛伊德的思想中成形,那就是"无意识思想"的概念。

不可见的心理力量驱动人类行为的想法并不完全是由弗洛伊德首次提出的。最初的概念可以在公元2世纪希腊人盖伦(Galen)的作品中找到。盖伦认为,每个人都会受到4种气质的影响。每种气质是由4种体液中某一种的失衡导致的。希波克拉底(Hippocrates)对这4种体液做过描述,它们是血液、黑胆汁、黄胆汁和黏液。[2]一个世纪后,在希腊附近的伊朗,作为现代医学创始人之一的阿维森纳

(Avicenna)同样提出了体液对一个人情绪和性格的影响。[3]不过,这种思想当时并没有受到重视。在接下来的 8 个世纪里,全世界的人都认为,人们的感觉和行为是由精神力量形成的,或者完全处于一个人的意识控制范围内——要么由上帝负责,要么由自己负责。无意识思想长期处于休眠状态。

接着,在 19 世纪中叶,这种思想再次浮出水面。1866 年,德国物理学家赫尔曼·冯·亥姆霍兹(Hermann von Helmholtz)向他的科研同事解释了为什么人们在明知某些观念有问题时仍然坚持这些观念。他举了一个例子:我们感觉太阳每天晚上都会沉到地平线以下,尽管我们知道实际情况是地球在自转。亥姆霍兹指出,我们的经验是由不受理性知识和思想控制的观念决定的。亥姆霍兹认为,这些观念会长期影响一个人的日常思维,不管他受过怎样的教育,也不管他试图做出怎样深思熟虑、有条不紊的判断。亥姆霍兹将这些强大而无形的偏见称为无意识推论。[4]其他科学家并不重视他的理论,他们认为这种理论往好了说是不重要,往坏了说就是荒谬可笑。之后过了不到 30 年,这种思想又以新的形式再次出现,成为正在宁静的维也纳中心积蓄力量的学术海啸的组成部分。

当弗洛伊德宣布患者的症状是对讨厌的思想的失败压制时,他开启了一种对于人类精神的全新思维方式。他认为，人类思想有一个体系结构，这个结构包括一个充满各种思想和感情的地下室。这些勉强得到抑制的思想和感情会影响我们每天的生活。因为社会禁止表达这些思想和感情，所以大多数人会尽一切努力将其隐藏起来，不仅不让其他人知道，也不让自己知道。弗洛伊德将我们内心对它们的抑制比作看守房屋主体入口的保安。他认为，每个人都在不断努力将禁忌思想锁在地下室里。这项工作很费力，足以使一些人产生身体疾病——比如咳嗽、局部瘫痪和疲劳。

不过，自从弗洛伊德向我们提供这种新的思维方式以来，我们一直在试图摆脱这种能力。对许多人来说，这是一种古怪的思想，充斥着无法证明的观点。人们将它与其他更加荒谬的理论——俄狄浦斯情结/厄勒克特拉情结、阴茎嫉妒/去势焦虑，以及不断探究的梦境作为清除令人烦恼、感到麻烦的压抑思想的方式——联系在一起。诚然，弗洛伊德的思想催生了一批批忠实的实践者和信仰者。不过，总体而言，人们认为他的大部分思想牵强附会、狭隘，存在性别歧视，无法得到数据支持。直到100年以后，现代实证心理学才在无意中重新回到弗洛伊德的思想上来。

思想是如何产生的

具有无意识这种强度和级别的思想少之又少，但它们只是普遍存在的普通过程的顶点。形成思想的能力不是学术巨匠的专利，普通人每天都会思想。如果你站在街角观察过路人，你会发现，一些人和朋友说笑，一些人边走路边盯着智能手机，一些人匆忙赴约，少数人会观察他们路过的建筑。一些人似乎并没有在做什么事情，只是在沉思。至少有几个过路人会在你观察他们时在思考某种思想。那可能是他们在书中或播客节目中接触到的思想（比如美国政治两极分化的原因，或者酗酒的根源），也可能是他们的朋友在早餐时提出的思想（为什么友谊会随着时间变化），或者是他们自己产生的思想（哪些场合机器无法取代人类，或者选民冷漠的原因）。我们中的少数人可能会构建持久而重要的思想。不过，大部分思想是短暂而不重要的。拥有重要思想的少数人和拥有琐碎短暂思想的大多数人之间的差异并不特别

第三章 对抽象概念的认知

明显,这种差异取决于我们无法控制的因素,比如运气、时机和非凡智力。不过,有一个更加重要的差异需要探索。为什么成年后,只有部分人有兴趣研究各种思想,而其他大多数人都失去了这种兴趣?这个问题的答案需要去童年寻找——那是我们最早拥有思想的时候。[5]

我前面说过,即使当很小的孩子在挖泥巴或者搭建新城堡时,他们也在学习处理复杂事物和解决问题。不过,这些活动也在为更加明显的智力工作打基础,尽管成年人可能认识不到这一点。即使在小时候,孩子们做的事情也不全是戳弄、捆绑和堆叠。到了 3 岁时,孩子们也在研究命题,思考难以解释的现象,将熟悉的信息以新的方式联系在一起。本章接下来的部分将会探索小孩子思考的思想类型。这些智力项目始于看似简单的胡思乱想。

几年前,一个老朋友带着她 6 岁的干女儿埃拉出去吃饭。她开着车,跟干女儿东拉西扯地谈了很长时间。她们谈到了一年级、足球以及埃拉的妹妹。接着,埃拉陷入了沉默。她的表情有些恍惚,似乎正在走神。最后,车子停下来,她的干妈绕到副驾驶席拉她下车,但她似乎并没有注意到这些事情。她盯着窗外,但是并没有在看任何东西。她的干妈对她全神贯注的沉默表情感到吃惊,问道:"你在做什么?"

"我在思考。"埃拉用心不在焉的语气说道。

她的干妈继续追问道:"你在想什么?"

"糖果。"说完,埃拉又回到了自己的思绪中,"再给我一点儿时间。"

乍一看,关于糖果的白日梦也许并不像是拥有思想的第一步。不过,它包含了思想形成过程中的关键元素。埃拉陷入沉思,没有注意到周围的事情,只关注在她头脑中展开的画面。在甜蜜的白日梦中,她并没有根据想法做出行动,比如询问或寻找车中的糖果,而是满足于思考本身。她也许正在将糖果分成不同类别——巧克力味的/水果味的、有嚼劲的/松脆的、好的/坏的——这是任何借助事实形成的思想所必需的那种智力工作。也许她在想象场景,这是复杂思维活动的另一个重要工具。在这些场景中,她可能在吃糖、制糖,或者用糖果制作其他东西。儿童最初的思想不像哲学家和科学家那样具有正规结构。三四岁儿童有时也许不会意识到他们在研究思想。埃拉意识到她需要更多时间进行思考,但是对于其他孩子来说,这种审慎思考和元认知出现得要晚一些。最早的沉思可能会为成熟的学术生涯中更具组织性和目的性的项目奠定基础。由于没有最终产品(发明或观点),我们很难知道儿童什么时候在参与智力追求。通常,我们能看到的唯一迹象来自他们提出的问题。

小孩子不会只提出关于虫子、骨骼和闪亮事物的问题。从一开始,他们也会通过提问探索既不直接也不具体的主题。在我开始撰写本书不久前,曾有一次在飞机上坐在一位年轻母亲和她很小的女儿的后面,女孩大约三四岁。我们已经升上了高空。小女

第三章 对抽象概念的认知 \\\

孩盯着窗外,她的脸紧贴在玻璃上,以便看到下面距离很远的地面。"妈妈,"她呆呆地说,"地上会不会有个小孩在问她的妈妈,这架飞机上有没有一个孩子,然后她的妈妈回复她'是的,上面有一个孩子'?"

小孩子开始构建思考的心理对象的时间比心理学家认为的要早得多。[6] 飞机上的小女孩隐约觉得,两个具有不同视角的人可能拥有非常类似的想法,这种想法可以穿越时空。她似乎掌握了学者通常所说的"复调理论"(polyphonics)的一些皮毛——这是一门很大的学问,是指多个视角在同一时刻的相互交织。[7] 实际上,许多孩子都会思考这些复杂抽象的问题。

发展心理学家丹妮拉·奥尼尔(Daniela O'Neill)在女儿泰特只有两岁时就开始记录她提出的问题。接下来的 11 年,奥尼尔一直进行这种记录。下面是泰特在日常生活中想要知道的一些事情。

4 岁那年:

- 你小时候是否想过你会开车或者知道你要去哪儿?
- 你死后会去哪儿?我们都会死吗?你为什么会死?
- 在你发推文(Tweet)时,它会把你的想法同时传送给每个人吗?

5 岁那年:

- 在人类出现之初,第一个人是谁造的?
- 等我长大了,知道怎样把我自己重新组装起来的时候,我想把我拆开,看看我的内部结构。
- 你会直接死去,还是需要做点儿事情才会死?
- 世界有尽头吗?
- 世界何时终结?
- 你为什么会记住事情?你是怎样记住事情的?

8 岁那年:

- 如果我们不知道我们是否只是在睡觉,怎么会有"醒着"这个词语呢?[8]

大多数家长不会留存这种记录,但它们对于研究人员来说非常宝贵,包含了在实验室环境中很难捕捉到的数据。家长和心理学家保存的各种记录共同显示了孩子大部分时间用在了日常生活中的单调事务上,比如刷牙、在学校寻找距离好友很近的座位、看电视、辩论、读书、玩球类游戏、做家务。不过,这并不是他们的全部行动。他们也在解决一些重大的人生难题。下面,我要介绍孩子对 3 个特别棘手的问题的探索。

对"死亡"的探索

1915年,我的曾外祖母安妮·克雷默在长岛南部的自家卧室里去世。她的女儿——我的祖母海伦当时7岁,起初并不知道发生了什么。她知道母亲病了,但在那天,许多陌生的成年人在这座小小的木瓦房周围乱转,她在附近钟表厂工作的父亲也留在了家里。一个年长女人——其实是她的伯祖母——从安妮的卧室走出来,对小海伦说:"你母亲去了天堂。你现在进去亲亲她吧。"

半个多世纪后,海伦仍然清晰记得接下来发生的事情。她走进窗帘紧闭、味道有些奇怪的昏暗卧室。她的母亲躺在床上,闭着眼睛。海伦感到困惑。看起来,安妮哪儿都没去。不过,她并不想亲她。她不知道为什么,但她的母亲看上去和之前不一样了。她不再是真正的安妮了。海伦在那里站了几分钟。她想,这个时间长度足以使其他房间的人认为她走近了床铺,俯下身,亲了母亲的脸颊。接着,她走出卧室,将身后的门关上。让她进去的年长女人站在客厅里。"你亲她了吗,海伦?"她问道,"你和母亲吻别了吗?"

"是的,我亲了。"海伦记得她点头应道。

我的祖母 68 岁时身材肥胖,她腿有些瘸,满脸皱纹,身体机能已经衰退了。作为两个成年儿子的寡母,她在成年后一直生活在农场里,被生产和死亡包围。在回想将近 60 年前的那一刻时,她有些迟疑。一种孩子般的忧虑笼罩在她脸上。她看着我——她 8 岁的孙女,承认道:"我没有亲她。我做不到。我太害怕了。不过,我想她会原谅我的,不是吗?"

人们一生都在与死亡及其影响搏斗。对于大多数人,只有在死亡到来时,它的恐怖和魅力才会停止。不过,我们是从什么时候开始思考死亡的呢?可能比你预想的要早得多。早在两岁半的时候,孩子就开始询问死亡的感受、某人死后能否返回以及他们自己是否会死去。这些问题揭示了他们对死亡的好奇。不过,这种好奇是否会带来零星信息以外的东西?孩子是否真的会思考死亡这一概念?他们的持续提问意味着答案是肯定的。对儿童的长期记录常常表明,他们会在不同场合询问关于死亡的问题。他们不只是在重复提出相同的问题,他们在以零散的方式从不同角度探索巨大而神秘的现象,试图拼凑出全面的理解。

有证据表明,他们收集知识的努力是有成果的。在成长过程中,他们对死亡的理解会发生变化。保罗·哈里斯及其同事的一**系列研究证明**,在大约 5 岁以前,儿童对死亡的掌握是基于生物学的。他们知道,当一个生物死去时,它就不能再移动和呼吸了,它的所有身体功能也都停止了——死亡是彻底的。他们知道一个生物一旦死去,就不能复生了——死亡是不可逆的。最后,他们还知道,所有活着的生物都会死——死亡具有普遍性。而且,在他们的研究中,所有文化背景的儿童都具有这些相同的核心观念。[9]大人向所有5岁以下儿童讲述这些核心死亡原则的可能性是很小的。全世界所有文化下的成年人选择向孩子讲述"死亡会关闭所有功能,具有不可逆性,会发生在每个人身上"这一相同道理的可能性同样都不大。儿童最初对死亡的掌握很可能基于他们关于虫子、动物和亲属的直接经历。

到了7岁时,儿童仍然相信死去的事物无法呼吸和移动,但同时认为他们喜爱的宠物和亲属虽然死了,但是仍然拥有思想,仍然爱着他们,可以看到他们在做什么。他们没有用成年人的说法代替他们的旧有直觉。相反,他们对死亡的理解包含两个有些矛盾的方向——一个是生物性的,另一个是精神性的。如何解释年龄较大儿童关于死亡观念的内在矛盾性?哈里斯及其同事收集的数据提供了答案。在一项研究中,玛尔塔·吉梅内斯(Marta Gimenez)和哈里斯向7岁和11岁儿童分别提供了两个故事版本。第一个是宗教版本,像下面这样:

在这幅画上,你可以看到莎拉的祖母。在生命的最后阶段,莎拉的祖母病得很厉害。她被送到医院。在那里，人们试图帮助她，但她太老了，他们治不好她。牧师过来和莎拉谈论她祖母的事情。他对莎拉说："你的祖母病得很厉害。医生无能为力。你的祖母现在和上帝在一起。"

接着，研究人员向每个孩子提出12个问题，包括"莎拉的祖母现在和上帝在一起，她的眼睛能看见吗"和"莎拉的祖母还能看到她吗"。

非宗教版本的故事大致相同，唯一的区别在于，牧师并没有说莎拉的祖母现在和上帝在一起。相反，医生告诉她："你的祖母死了，已经被埋葬了。"研究人员提出了相同的问题，只是把开头从"莎拉的祖母现在和上帝在一起"改成了"莎拉的祖母死了，已经被埋葬了"。

年幼和年龄大一点儿的孩子似乎都知道，死亡意味着身体功能的终结。一个孩子相信，莎拉的祖母再也看不见了。他进一步解释说："如果她死了，她就失去了一切功能。"另一个孩子回应道："她被虫子吃了，她没有身体，只有骨头。"不过，年纪较大的孩子还认为，死人的灵魂会持续存在，超越身体功能的终结。"她的灵魂还活着。"一个孩子说。另一个孩子回答道："灵魂还在那里，还有感觉。"为什么年纪较大的孩子会相信某种他们不可能通过亲身经历发现并且没有证据支持的事情？这项研究从另一个角度提供了线索。年龄大一点儿的儿童的回答对他们听到的故事更加敏感。当他们听到医生的说法和关于埋葬的解释时,他们提供了更具生物性的答案。当他们听到牧师的说法和祖母与上帝在一起的描述时,他们提供了更加形而上的答案。当儿童获得常规解释时,他们似乎在相同现象的两种不同思想之间来回切换——他们更愿意顺应大人,而不是想出对他们有意义的合乎逻辑的解释。[10]

在威廉·福克纳(William Faulkner)的《我弥留之际》(*As I Lay Dying*)中,皮博迪先生说:"我记得我小时候相信死亡是身体现象。现在我知道,它仅仅是精神产物而已。"[11]事实上,这并不是皮博迪先生的独有观点。大多数儿童对死亡巨大、神秘、令人烦恼的性质感到困惑。随着时间的推移,大多数儿童似乎从"身体理论"转向了"精神理论"。他们最初的直觉基于经验,后来的解释来自身边大人的说法。不过,一些人会继续获取智力工具,以便深思熟虑地构建他们自己关于死亡的思想,试图积极地弄清如何理解互相矛盾的解释。当孩子开始拼凑自己的思想时,他们的表现如何呢?为了回答这一问题,我们需要转向儿童无法抗拒的另一个重大主题。

对"无穷"的探索

两个从小在一起玩耍的5岁男孩面对面站在足球场边,他们的哥哥正在场上争夺冠军。两个男孩忘记了身边正在进行的比赛,并且忘记了正在露天看台上观赛并呐喊的父母、祖父母和兄弟姐妹。他们正在进行辩论。一个人对另一个人说:"我知道一切。"

"你不可能知道一切,芬恩。"罗里涨红了脸,说道。

芬恩比对方冷静得多,他有一种优越感:"不。我知道宇宙中的一切。"

"但是芬恩,"罗里越说越激动,"这不可能。你做不到。没有人知道一切。"

"但我能,"芬恩重复道,"这是真的。我知道关于整个宇宙的一切。"

"芬恩,没有人能做到。宇宙是无穷的!"罗里鼻孔微张,懊恼地瞪着眼睛,几乎要发疯了,"没有人能知道宇宙的一切。无穷太大了!"

许多小小思想家对无穷思想的危险诱惑感到着迷。不过,你很难捕捉这些想法,因为它们通常发生在你听不到孩子说话的时候,或者孩子默默思考的时候。成年人常常会回忆儿时的想法,但他们并不是完美的数据来源。成年人越年轻,他们的记忆就越准确、越真实。他们加工记忆以适应自我观念的时间并不长。

大学生是这种回忆的一个良好来源。在纽约市长大的19岁学生乔纳向我讲述了下面的故事。乔纳个子很高,留着浓密的胡须和一头棕色卷发。他喜欢在说话前轻轻地笑上几声。"上幼儿园时,我大部分时间都是独来独往,"他对我说,"我是班上最小的孩子之一,很腼腆。我在两年后才学会阅读。"他接着说道:

> 不过,有一场辩论令我很感兴趣,直到今天我还记得。那场辩论是一个同学向我发起的,我不记得他是谁了。在我的印象里,老师一直没有参与进来。有人问:"无穷是一个数吗?"我记得我当时认为无穷一定是一个数。我的理由如下:
>
> 1. 我们用某个数来表示某个量;
> 2. 无穷符号代表无穷;
> 3. 无穷是一个量——是最大的量;

4. 所以，无穷一定是一个数。

我在幼儿园里产生的另一个想法是，没有最大的数。我甚至想到了证明方法：

1. 只要有人想到最大的数，不管是 1000 还是 400 000 000，你总能写出 1000+1 或 400 000 000+1；
2. 这就是我的证明——没有最大的数，因为你总能在它上面加一！

这是我 5 岁时的全部记忆。不过，在我上二年级时，我和母亲在某个大厅里等电梯。我不记得具体是在哪里了，只记得是在纽约。这个大厅的墙上有两面相对的镜子，每面镜子可以反射另一面镜子。母亲问我是否知道这叫什么，我说不知道。她说"无穷"。我感觉我受到了侮辱，因为她觉得我从未思考过无穷。我还以为她想告诉我表示相互反射的两面镜子的词语。

说完，乔纳就去过暑假了。一个星期后，他写信给我，讲了更多故事：

八年级时，我的思想再次转向了无穷，因为我迷上了"宇宙在哪里"这个问题。我的意思是，宇宙是否没有边界？这可能吗？我觉得宇宙一定有尽头。如果是这样，宇宙以外是什么？宇宙在哪里？这个问题和其他相关问题（时间是否有起点和终点）困扰着我，但没有人能给出答案。我记得，当我询问老师时，他说："乔纳，在我上大学时，我有一次开始思考这些问题。我坐在那里，哭了起来。"不过，他并没有再说什么。我并不知道他为什么哭。

在继续求学过程中，我越来越发现，我喜欢数学，数学也喜欢我。下面是我现在喜欢思考的一类问题。你站在灰色水泥墙上。墙体大概宽6米，高15～18米，长度是无穷大。墙的两端延伸到肉眼看不见的远方。墙的两边是两个无穷大的水泥地板的池子。你面对着一个池子，里面装满了水。你在眺望无边的海洋，水平线方向一片朦胧。你的身后是同样大的空池子。你手中拿着一个正常大小的杯子。你走向无边的海洋，蹲下来，舀上一杯水。你把它拿到空池子那边，把水倒进去。当你走回装满水的池子时，你发现，杯子的容量缩小到了原来的1/2。你把这一半的水倒进空池子。下一次，杯子的容量只有最初的1/3。在你持续运水过程中，杯子变得越来越小。很快，它就只能容纳一滴水了。最后，它只能容纳一个水分子。很快，你需要走上好几趟才能从整个无边的海洋中取出小小的一个水分子。如果我们此时停止叙述，你可能觉得主人公永远无法把池子装满。数学的威力在于，它可以让我们确定答案。数学告诉我们，如果你以这种速度在无限长的时间里不断倒水，池子就会被填满。这就是无穷大的大小。

不是所有 5 岁时思考无穷的孩子都会在 19 岁时继续思考无穷。不过，乔纳的思考经历说明了一个孩子是怎样在多年时间里追求一个思考方向的。

和大多数重要思想类似，无穷通常是在不经意间进入儿童意识范围的。某个年长者可能会向孩子指出，星星是无穷无尽的。这可能是 3 岁儿童第一次对无穷无尽的事情获得一点儿模糊的概念。这种说法可能会再次出现并消失，不会引起任何人的太多关注。不过，问题几乎总会再次出现——一天、一个星期或者数月后。关于时间和空间的讨论会引发这个问题。这种对话可能在他们与兄弟姐妹、朋友和父母之间展开。它可能由于星星而再次出现，也可能出现在完全不同的语境里，比如在计数比赛中，或者在关于时间流逝的谈话中。

对无穷的思考令人不安。这或许可以在一定程度上解释为什么它会吸引许多儿童。它混乱而不完整的性质使它与儿童在学校里学到的清晰简洁的思想完全不同。讽刺的是，儿童在二三年级学习的数轴是最适合他们掌握无穷概念的机会之一。不过，学校教授的版本通常不会暗示数轴与无穷之间存在任何关系。只要看一看孩子用数轴做数学题的情景，这种差异就很明显了。假设 8 岁儿童看到了下面的数轴：

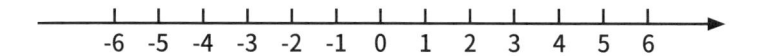

```
  -6  -5  -4  -3  -2  -1   0   1   2   3   4   5   6
```

接着，他们需要计算 1 加 5 等于多少。通常，老师让他们在第一个数字"1"上点个点，然后向右前进，跨过第二个数字所代表的数量的那么多个空格，在这个问题里也就是 5 个空格。如果他们遵循老师教的程序，他们就会抵达数字 6。于是，他们得到了正确答案：1+5=6。

不过，儿童很少接触到数轴的真正含义：每两个数字之间有无穷个点。大部分数学家和教育心理学家承认，这种教学失误使儿童失去了掌握重要数学概念的机会。因此，他们说，孩子在学习更加复杂的数学课程时会遇到困难。这很遗憾，因为这个隐藏在数轴中的重要概念对大多数小小思想家来说很有吸引力。机会就这样错过了。

如果成年人邀请孩子讨论无穷，会发生什么呢？为探索这个问题，保罗·博埃罗（Paolo Boero）、纳迪娅·杜埃克（Nadia Douek）和萝塞拉·加鲁蒂（Rossella Garuti）安排了五年级的 3 个班在教室里讨论无穷。这 3 个班的老师接受了培训，以指导孩子进行一系列关于无穷的对话。这些讨论发生在几天时间里。他们没有鼓励孩子立刻为无穷下定义。相反，他们鼓励孩子探索无穷思想，说出他们不理解的事情，在无穷问题和他们思考过的其他难题之间建立联系。他们鼓励孩子缓慢而有条理地思考无穷，而不是急于寻找漂亮的"答案"。孩子们的评论显示，他们的想法越来越准确。例如，一个小男孩一开始说，无穷意味着没有最后一个数。不过，到了讨论第三天，他意识到最后一个数原则上是存在的，但是任何人都没有足够的时间数到这个数。这一主题引发了各种思考和见解的提出。一个孩子问："如果我们还没有数到无穷大就会死去，那么无穷大的数的存在意味着什么？"另一个小女孩评论道："女人的身体会终结，但她创造了另一个女人，生命于是无限延续下去。"另一个孩子说："数可以通过相乘创造其他数，直到无穷。每个数是有限的，但是它们可以形成无穷的数列。"到了第三天，孩子们共同考虑了数和量的区别、无穷量和无穷时间的关系以及个体有限生命在全人类无限生命中的作用。[12]

在另一项研究中，英厄·维斯泰特（Inger Wistedt）和马茨·马丁松（Mats Martinsson）记录了 11 岁儿童以 3 人小组形式解决数学问题的过程。他们需要研究如何将一块特定长度的木板切开，以制作 3 个书架。由于研究人员和孩子们已经在一个教儿童进行哲学思考的大型项目中进行了互动，因此孩子们已经习惯了解决不同寻常的问题，而且愿意谈论他们的思维过程。结果显示，在讨论切割木材的方法时，孩子们自动触及了一些最复杂

第三章 对抽象概念的认知

的无穷思想。期间,一个名叫玛丽亚的女孩试图用分配苹果等其他离散物体的知识来解决这个问题。她想象他们小组的3个人试图分配100个苹果:"我们每人会得到33个苹果,剩下1个苹果。接着,我们分割这个苹果。我会得到1/3,你们两个人也分别得到1/3。这件事可以做到。(33+1/3)+(33+1/3)+(33+1/3)=100,一点儿不差。"不过,当她试图用同样的方法在纸上计算时,她又不会了。"我完全做不来!"她说,"为什么我在一分钟前用苹果而不是数字的时候可以解决这个问题呢?"接着,她试图解释自己的混乱:"因为我只分割了一个。在数字眼里,这很奇怪,它们根本不关心这件事是如何做到的。"[13]

玛丽亚的思维过程表明,在研究这个问题时,她触及了一个重要的数学问题:一类物品的无限可能数量与连续事物的无穷性之间的差异——这里的连续事物是木板。孩子们利用这项任务的合作性质相互交流,以共享知识、增进每个人的理解。研究人员认为,要想理解像无穷这样宏大而困难的概念,孩子必须主动构建思想,而不是仅仅吸收思想。大部分孩子不会参与博埃罗描述的那种有人指导的讨论。大多数孩子只会短暂思考一下无穷,在和朋友玩耍或观看星空时偶尔停下来琢磨一下。只有部分孩子会在大一些的时候将这些思想片段组织起来,形成更具系统性、更加全面的思想。

在乔纳首次思考无穷思想大约15年后,他在大学研讨室里和我见面了。此时,我还不了解他,还没听到他的童年回忆。在我的询问下，同学们一个接一个地向大家讲述他们经常幻想的事情。一个学生谈论了她每天跑步时选择的路线；另一个人说她常常思考其他人之间的互动方式；第三个人是校队运动员，他说他会幻想关于篮球的事情。轮到乔纳时，他毫不犹豫地说："我会幻想代数。"他现在已经进入了数学研究生院。

到目前为止，我所讨论的思想都是始于实实在在的难题——死亡和无穷最初是以相对可以掌握的方式出现的，而且都和物理世界有关。那么，来自社会和心理世界的各种难题呢？儿童一开始是怎样思考这些难题的呢？

对"善良"的探索

你可以看到、闻到和感觉到死亡,可以通过星星、数数和天空获得关于无穷的提示。不过,一些吸引儿童的问题比死亡和无穷更容易消失、更加不可捉摸。我的姐姐凯茜 11 岁时上六年级,她的体育老师是库克小姐。一天,库克小姐无缘无故对凯茜班上的一个女生发起了脾气。凯茜并没有看到明显的挑衅行为,但库克小姐愤怒地涨红了脸,对那个 11 岁的瘦小女生大加指责,把她推到体育馆墙上,朝她怒吼,说她最好解决自己的问题。

凯茜很震惊,这不仅是因为她不习惯暴力,也是因为那个女生。凯茜感觉到,那个女生之所以被挑出来,不是因为她做了任何错事,而是因为她是黑人。我们住在长岛东端,那里有 3 个泾渭分明的群体:享有特权的富有的周末游客;当地农民、渔民和商人,他们是白人,以基督教徒为主;黑人群体,他们生活在铁道另一侧,与白人分隔开来。许多黑人的父母或祖父母以农场工人移民的身份从南方来到这里，然后选择永远留下来，在农场里全年做工，或者给富有的白人家庭做佣人。例如，我们的继父雇用了一些黑人男女，在马铃薯农场里工作。在我家负责打扫工作并照顾我妹妹的阿梅莉亚也是黑人。我们家几乎没有黑人朋友，但我们的母亲和生父（我们会去见他，但是不和他住在一起）经常谈论种族歧视，赞赏民权运动，阅读黑人写的文学作品。

我只能猜测是什么影响让我的姐姐注意到了她的老师那天展现出的粗鲁而恶毒的种族歧视是不公平的，并且对此感到愤怒，而且事情并没有到此结束。她无法摆脱对库克小姐粗暴对待同学的愤怒。她开始注意到更多事情，并在晚餐时提到这些事。我记得她曾问父母，为什么在农场工作的所有黑人住在镇上的另一个区域，而不是和农场主住在农场里。有时，当继父在一天的工作结束后向那些只在收获季分拣马铃薯的人送去礼物时，她会坐在卡车上和继父同行。工人坐在卡车后面。到了小路拐角，继父会让工人下车，那里住着许多黑人。我的姐姐仍然记得她当时感受到的震惊，因为黑人们住在又小又破的棚屋里。她从未想过，农场工人的住所与镇上其他人的如此不同。

当收割机从地里挖马铃薯时，我的姐姐有时会坐在收割机上。我的继父开车，包括移民工人在内的其他人坐在后面或者在收割机旁边行走，拾起被扔到传送带上的马铃薯，根据大小进行手工分拣。分拣者中只有一个女人，叫杰拉尔丁。她当时看上去很老，但她可能还不到40岁。她围着旧式头巾，抽着烟斗。我

第三章 对抽象概念的认知 \\\

的姐姐之前从未见过抽烟斗的女人。我们其他人只满足于认识杰拉尔丁,但凯茜想了解她。她会从收割机侧面高高的位置上爬下来,站在杰拉尔丁旁边,帮她分拣马铃薯。她们会聊上几个小时。当凯茜 12 岁时,她记得她去社区中心参加了一场舞会。舞会上的一些黑人孩子告诉她:"你跳舞时看上去不像白人女孩。"我姐姐不知道他们在说什么。不过,她想知道。

她和阿梅莉亚也走得越来越近。阿梅莉亚拥有令人目眩的美貌和魅力。当放学回家时,我的姐姐会坐在厨房里,和阿梅莉亚聊上几个小时。她们会走进我姐姐的卧室,听至上女声组合(the Supremes)激动人心的歌曲,模仿《搭便车的人》(*The Hitchhike*)里的舞蹈。我们的生父给了凯茜一本《像我一样黑》(*Black Like Me*)。她在一晚上读完了这本书。我比姐姐小 3 岁,所以我一定错过了当时的许多细节。不过,我可以判断出,她很不安。她开始把学校里发生的事情与她在身边看到的事情联系起来。当她听到"种族歧视"一词时,最初的单纯反应开始转变成某种更加正式的东西。过了一段时间,她才意识到,她不是唯一拥有这种想法的人。

60 多年前,劳伦斯·科尔伯格(Lawrence Kohlberg)开始探索人们获得成熟道德的不同阶段。他想,为什么几乎所有的 2 岁儿童都会通过推搡、抓握和捶打满足自己的需要和愿望,甚至最温柔、最可爱的儿童也会如此,但是到了青少年晚期,大多数孩子都会形成一组相对抽象的对错规则呢?为了给这种头脑旅行绘制地图，科尔伯格开始向各个年龄段的儿童展示道德困境。其中，最有名的是海因茨的故事。海因茨的妻子需要一种救命药，但药店的定价太高，海因茨没有那么多钱，也借不到那么多钱。于是，他去药店行窃。在展示这个困境后，科尔伯格向每个孩子询问海因茨应该怎样做及其原因。科尔伯格发现，在最早的道德发展阶段，孩子会提到既定规则、服从的需要和惩罚的威胁。不过，到了小学阶段，孩子开始学着思考个体互相冲突的利益。接着，他们会谈论常规道德——这符合社会关于良好动机的一般观念。根据科尔伯格的说法，只有到了道德发展的第六阶段，人们才会获得基于是非原则考量的"后常规道德"，儿童到了青春期才开始探索这一领域。[14]

很长一段时间里，科尔伯格提出的儿童获得成熟道德感的模型一直是权威理论。不过，随着时间的推移，心理学家开始意识到，儿童（或者成年人）对于是非的说法与他们在面对道德局面时的行为可能没有太大关系。于是，研究人员开始设计一些实验，为被试创造真正的困境。在这些真实局面下，儿童应该做出的决定与他们想要做出的决定可能是不同的。这种探索的一个版本是彼得·布莱克（Peter Blake）和凯瑟琳·麦考利夫（Katherine McAuliffe）设计的"不平等游戏"。在游戏中，两个同龄儿童坐在桌子两侧。他们中间有一个装置，两侧各有一个小托盘。研究人员在孩子面前将巧克力豆放进装置里。身为被试（决策者）的孩子需要在每一轮选择拉动两个控制杆中的一个。绿杆会使托盘里的巧克力豆掉到桌子上,使每个孩子吃到属于自己的巧克力豆;红杆会使托盘里的巧克力豆掉进中间的容器,两个孩子都拿不到。在 12 轮中,决策者面对着 3 种局面。有时,两个孩子会分到相同数量的巧克力豆;有时,决策者分到的巧克力豆比另一个孩子多;有时,另一个孩子分到的巧克力豆比决策者多。决策会出现怎样的模式呢?如果被试只在数量相同时拉动绿杆,这说明被试在根据特定的公平模式制订决策;如果他在自己分到的巧克力豆比较少时拉动绿杆,这说明他拥有另一种模式;在自己分到更多巧克力豆时更愿意拉动绿杆的人则是在根据完全不同的道德准则行动。[15]

这些方向的研究反复显示,只有到了 9 岁左右,儿童才能在比其他儿童获得更多巧克力豆时可靠地拒绝巧克力豆。小于这个年龄的儿童很可能会将巧克力豆照单全收。不管数量是否相等,他们都会拉动绿杆。不过,还有研究显示,即使在小于 9 岁的时候,公平分配的萌芽也会出现。

亚历山德拉·热拉西(Alessandra Geraci)和卢卡·苏里安(Luca Surian)向 10～16 个月大的婴儿展示了 4 段非常相似的动画短片,并跟踪他们观看时的眼球运动。在每段动画中,一个动物需要分发两张彩色圆盘。在其中两段动画中,这个动物是狮子;在另外两段动画中,这个动物是熊。一头驴和一头奶牛进入画面,充当圆盘的接受者。一只小鸡站在一旁,和婴儿一同观看分配过程。在 4 段动画中,狮子的行为每次都和熊不同。一个动物将圆盘公平地分给驴和奶牛，另一个动物把两张圆盘给了同一个接受者。接着，婴儿会观看最后一个片段。在这里，小鸡会跳进隧道里。隧道有两条通道，一条通往狮子，一条通往熊。所以，小鸡会面对站在隧道出口的平等主义者和不平等主义者。

眼部跟踪可以显示哪种模式更加吸引婴儿。10个月大婴儿的小组没有反应模式。不管小鸡走向公平的动物还是不公平的动物，这些小婴儿的观看情况似乎并没有变化。公平的分配者似乎并没有引起他们的任何注意。不过，6个月在婴儿的生命中是一段很长的时间。当小鸡走向公平的分配者时（不管是狮子还是熊），16个月大婴儿的观看时间会明显增加。他们的持续注视意味着他们觉得这更有意义。当儿童开始学习走路时，他们也在学习公平的含义。

但这里有一点儿讽刺。科尔伯格的研究受到了合理批评，因为他将儿童对于假想困境的回答作为他们的道德证据，没能将道德推理和道德行为区别开来。不过，为弥补这一缺陷，研究人员又走向了另一极端。当他们只衡量儿童面对道德困境的行为时，他们忽视了儿童对道德看法本身的巨大价值。显然，儿童在成长过程中不断变化的行为在一定程度上是由他们对道德困境的想法指导的。而且，他们的思想不只是评估其认知能力的途径，就像科尔伯格的模型暗示的那样，他们的思想也是其精神生活的核心组成部分。

后来的研究显示了这方面的具体表现。在2013年的一项研究中，克雷格·史密斯（Craig Smith）、彼得·布莱克和保罗·哈里斯为3～8岁儿童提供了非常漂亮的贴纸——是那种刮擦后会散发香味的贴纸，而且是他们最喜欢的颜色。研究人员也想衡量分享水平。他们也使用了带有托盘的设备，可以通过操纵将贴纸倒在中间，或者倒在某个儿童面前。不过，这些研究人员添加了一个重要环节。在被试拉动操纵杆之前，每个人需要说出自己或者其他人应该采取的行为。就连最小的孩子也表示，自己和别人应该分享贴纸，而且应该公平分享。不过，他们还准确预测到孩子在实践中可能无法满足这一标准。年纪较大的孩子可以做到更加言行一致、更加稳定地倡导公平。[16]

在另一项类似研究中，查尔斯·赫尔维格（Charles Helwig）和厄祖拉·杰西奥贝兹卡（Urszula Jasiobedzka）让6～11岁儿童判断各种假想的法律是否在个体权利和社会目标之间取得了公平的平衡并解释自己的想法。其中，一些法律涉及交通和车辆使用、义务接种和义务教育；还有一些场景涉及明显不公平的法律，比如在一个虚拟地区，政府里的每个人都是绿眼睛，而他们通过了禁止蓝眼睛儿童学习数学的法律；其他歧视性法律包括富人拒绝向穷人提供医疗、在市政府工作的年长者制定出禁止年轻人在公共汽车和地铁上坐下的条款。在被问及这些法律时，孩子们表现出了比上述研究更加复杂的推理，常常根据公平和平等来反驳这些歧视性法律。根据眼球颜色等特征禁止人们接受教育的做法不仅会限制他们的知识水平，而且令人无法忍受，因为"你仍然是人类，仍然是同样的人""所有人应该得到平等的对待"。[17]证据表明，儿童在思考这些复杂问题，尽管他们此时还无法提供清晰的答案，而且他们此时的行为甚至无法完全符合他们的思想。

这并不意味着世界各地的儿童具有相同的思维方式。在与此关系密切的研究中，玛丽·沙费尔（Marie Schäfer）、丹尼尔·豪恩（Daniel Haun）和迈克尔·托马塞略（Michael Tomasello）让孩子们执行相似的任务。这些孩子分别来自德国、肯尼亚农村的桑布鲁（Samburu）部族和纳米比亚（Namibia）的ǂĀkhoe Hai‖om部族，具有3种完全不同的文化背景。这些孩子两人一组，玩一种从小桶里钓方块的游戏。不过，这种游戏受到了操纵。在每种文化的半数小组中，一个孩子可以比同伴更成功地钓出方块。游戏结束时，研究人员给了每个小组一桶小奖品，并且解释说，奖品数量与两人钓出的方块数量相等。接着，实验者让他们自行处理共同获得的奖品。[18]

研究人员的预测是，德国孩子会倾向于论功行赏。如果两人钓出的方块数量相等，他们会平等分配奖品；如果两人钓出的方块数量不等，他们会根据各自钓出的方块数量分配奖品。他们还预测说，来自具有老人统治文化的桑布鲁部族和崇尚平等的ǂĀkhoe Hai‖om部族的孩子会倾向于平分奖品，不管每个孩子钓出了多少方块。这些预测得到了证实。研究表明，不同文化背景的儿童对公平分配的理解存在区别。同时，这些发现体现了一种普遍性，

第三章 对抽象概念的认知

世界各地儿童都在用他们关于分享的思想指导自己的行为。

这些研究共同表明,随着年龄的增长,儿童的公平思想变得更加重要,它们在越来越多地指导儿童的行为,这些思想包含了儿童对群体规范的理解。人们认为正确的事情和他们面对诱惑时的行为之间可能总是存在差距[安东尼·韦纳(Anthony Weiner)、埃里克·施奈德曼(Eric Schneiderman)和艾略特·斯皮策(Eliot Spitzer)就是言行不一的绝佳案例][1],但是即使在童年时期,孩子的思想对行为的塑造也起着重要作用。一些证据表明,儿童会通过许多环境整合思想。威廉·戴蒙(William Damon)在经典作品《道德的孩子》(*The Moral Child*)中给出了一个生动案例。在马萨诸塞州伍斯特市,一群孩子坐在比萨饼店里,研究怎样分比萨饼。

儿童1:嘿,这里有8块。那么多出来的1块怎么办?

儿童2:它应该归年龄最大的人。你多大了?

儿童1:9岁。

儿童3:我9岁3个月。

儿童1:我今年夏天就过生日了。我再过一两个月就10岁了。

---

[1] 安东尼·韦纳是美国民主党联邦众议员,曾向女生发送色情图片;埃里克·施奈德曼是美国纽约州总检察长,素以"女权捍卫者"自居,但却向女性施暴;艾略特·斯皮策是美国纽约州州长,曾卷入招妓丑闻。——译者注

儿童2（对儿童4）：你多大了？

儿童4：11岁，我下个月就12岁了。

儿童2：我12岁了。所以，多出来的一块归我。

儿童1：要不把它给比萨饼块比较小的人吧。

儿童4：谁的比萨饼块最小？

儿童1：我的比萨饼最小——你们看！

儿童2：算了，我们把它切开吧。年龄最大的孩子分一块，比萨饼块最小的孩子分一块。

既然儿童能够如此迅速、轻松地为比萨饼的公平分配问题进行辩论，这说明他们每个人都对其进行过思考。同样重要的是，他们在利用对话和时间共同对这一思想进行深入探索。戴蒙指出，儿童的思考明显缺少一项特征——他们没有考虑到成年人认为他们应该采取的行动。[19] 用科尔伯格的话说，他们的思想可能主要反映了符合这一年龄的群体规范，但他们超越了专注于回避惩罚或屈从权威的简单道德。他们在探索自己的思想，而不是证实他人的规则。

我的姐姐对种族不平等的早期思考并没有逐渐消失。她阅读书籍，与关注同一问题的人交谈，开始有意地构建具有种族多样性的朋友网。她开始认识到，偏见不仅仅存在于她的家乡——这一问题不仅会影响个人观点，而且会影响经济社会结构。她的思维框架和政治词汇量不断扩大。到了14岁时，这件事已经成了她的核心关注点。大学毕业后,她全职从事种族公平倡导者的工作。她用两个黑人偶像——社会活动家埃拉·贝克(Ella Baker)和歌手妮娜·西蒙(Nina Simone)——的名字为她的第一个孩子起名。最初模糊而有些令人不安的观察不断发展,吸收信息,扩充结构,使我姐姐形成了影响她一生的思想。

你很容易将少数儿童追求无穷、死亡和公平等宏大思想的具体故事看成个别案例,但事实远非如此。儿童会被智力问题吸引,并且获得详细、深入探索这些问题的工具。不过,他们解决这些问题的智力工作看上去可能残缺、零散而相互矛盾。以男孩本为例。

智力工作的起伏

本是个爱吵闹的小男孩。他出生在一个热闹而健谈的家庭里，是三个孩子里最小的一个。所以，本的强烈感情和他表达感情的力量确保了他不同于哥哥姐姐。难过时，他那宽大而灵活的嘴巴会嘴角下垂，嘴唇颜色会因为激动变深。此时，他的五官就像用蜡笔画的一样。他的脸颊会泛起一片潮红，一直蔓延到眼睛下面。他会瞬间变得像几天没睡一样，或者像在含氯游泳池里泡了很长时间一样。不过，他很坚韧，这意味着他愤怒的时间和痛苦的时间一样多。他会在哭泣时叫喊，为餐桌上没有人听他说话而生气，为他在每年 8 月的家庭乒乓球比赛中失利而烦恼，为姐姐取笑他而愤怒，为家人选择了不是他想看的电影而沮丧。

本的词汇量很丰富，而且喜欢热闹。在家庭聚会上，他常常喜欢发表祝酒词。他会使用与 8 岁孩子不协调的短语。他会在每句话结尾语气上扬，听起来像是问句，比如："我想感谢我的家

第三章 对抽象概念的认知 \\\

人？感谢你们多年来支持我？祝所有人圣诞节快乐？我还要感谢圣诞老人？他今晚要去许多地方，还会来到这里，对此我很感激。圣诞礼物呢？我很想要一双新冰鞋？还有苹果手机？还有蜘蛛侠的各种装备！"他会重新躺卧在椅子上，如释重负，并为受到了瞩目和发表了致辞而欣喜。不过，他大多数时候没有表演的机会。他常常忙于投身到某种游戏或场景中，到处冲锋，将枕头和毯子转变成超级英雄的避难所，并设计脚本，让朋友加入进来，将一切精力投入到与哥哥复杂而累人的抓捕游戏中。他的快乐和绝望一样强烈。

对父母来说，他在 9 岁那年的夏天似乎格外喜怒无常。当他们开始踏上从西海岸到东海岸的年度公路旅行，沿途拜访亲戚朋友时，他一直在抱怨。他想要黄瓜和酱油，那是他最喜欢的。他不想再吃奇怪的蔬菜，不想再吃热狗。他讨厌和哥哥睡一张床。为什么他不能拥有自己的床？他想念好友。他不想每天跟着家人出远门。

一天晚上，在串亲戚时，他变得特别狂躁。再过两天他就要过生日了。在内心情感的驱使下，他一方面激动异常，另一方面又很紧张焦虑。如果庆祝活动不符合他的预期怎么办？如果他无法得到好礼物怎么办？生日结束后，他得有多悲伤啊！睡觉前，这种感情风暴变得更强烈了。他开始啜泣，小肩膀开始颤抖，眼泪和口水一齐流到下巴和母亲的肩膀上。

"怎么了，本？"母亲问道，"为什么你这么伤心？"

"我很难受，"他呻吟道，"各种难受。我不知道我擅长什么。我甚至不知道我长大后会做什么。我要是永远找不到工作该怎么办？我要是无法谋生该怎么办？我甚至不知道酸是什么。"

"酸？"他的母亲困惑地重复道。

"是的，我甚至不知道酸是什么。"

本的母亲不知道他在说什么，因此抱着他抚摩他的后背，直到他平静下来。最终，本睡着了。本的母亲松了一口气，觉得风暴已经过去，将这件事忘到了脑后。

几天后，本和表哥艾萨克坐在餐桌前吃布朗尼蛋糕。艾萨克在大学主修化学。他们谈起了一本漫画书，书中的反派朝超级英雄泼酸液。本抬起头，他嘴里塞满了布朗尼蛋糕。"我在想，酸是什么？"

艾萨克茫然地抬起头。"什么？"

"我不知道酸是什么，"本坚持说道，"所有酸都一样吗？"

艾萨克不知道本在想什么。不过，他知道怎样解释酸。所以，他愉快地描述起酸的化学结构。本停止了咀嚼。他坐在那里，盯着艾萨克的嘴，不想漏掉一个字。

几天后，当本再次回到这个话题时，艾萨克才意识到事情的核心。本的母亲在制作沙拉酱。她尝了一口，然后加了一点儿柠檬汁。本看着她："所以，酸是好的，但它有时是不好的？所以，它既是食物，又是武器？"

"也许吧。"母亲说道，然后转身继续做菜。

那天晚上,艾萨克对姨母说:"我知道本在想什么。他想知道为什么酸是酸。你知道吗?这就像是亚里士多德的'自然种类'一样。"

本在研究一个很大的问题:什么使事物具有了特性?对他来说,这还不是正式的思想,但他在研究。要想像艾萨克那样继续研究这些思想,本还需要一种智力工具。他需要学会像处理事物一样处理思想。

儿童对思想的思考

让·皮亚杰是第一位试图确定儿童认知发展模式的心理学家。他的方法很简单，但却极具创新性。他只是询问小孩子如何解释各种复杂神秘的现象。例如，他询问他们对生命性、梦境和季节原因等话题的想法。下面是他向 6 岁儿童询问生命性质的例子：

实验者：蜥蜴有生命吗？

儿　童：有。

实验者：钉子呢？

儿　童：没有。

实验者：太阳有生命吗？

儿　童：有。

实验者：为什么？

儿　童：因为它可以在需要时移动。[20]

第三章 对抽象概念的认知 \\\

他是儿童的认知的第一位伟大侦探。他敢于询问儿童的想法,认为他们的回答可以告诉我们他们对世界的理解方式。不过,他的方法比这更加前卫。他认为,即使是四五岁的孩子也会思考大事。他认为,这些回答对获取更准确或更强大的思想是至关重要的,尽管这些在头脑中组织世界的初始尝试从成年人的传统标准来看可能是错误的。[21]

不过,和其他人的方法类似,皮亚杰的方法限制了他的发现。这种严格的问答形式具有强烈的"测试"感,使儿童觉得他们应该说出他们知道的事情,而不是利用这个机会探索有趣的话题。皮亚杰尽量不去影响孩子们所说的话,但却使对话失去了揭示儿童最佳思想所需要的某些特点。最终,他得到了一幅揭示儿童知识而非思想的画面。即使从知识角度看,这幅画面也有些枯燥。

研究表明,儿童对指定交流的认识论性质出奇地敏感。当有人试图与他们分享一个思想(而不是讲述有趣的故事或者提供实用信息)时,他们会对被告知的提示保持警惕。当卢卡斯·巴特勒(Lucas Butler)和埃伦·马尔克曼(Ellen Markman)向三四岁儿童展示他们之前从未见过的小物体时(他们称之为"布利基特")时,所有孩子都看到了布利基特具有磁性。不过,他们是以三种不同方式接触到这一信息的。第一组孩子看到,在成年人处理布利基特时,布利基特突然吸起了回形针;第二组孩子听到实验人员解释说,布利基特可以用作磁铁;第三组孩子看到成年

163

人故意用布利基特的磁力吸起回形针，但成年人并没有用言语和行为暗示他想让孩子知道布利基特具有磁性。在看过其中某种演示后，每个孩子很快又得到了没有磁力的布利基特，但他们并不知道这一点。这使研究人员有机会观察每个孩子花费多长时间将布利基特当作磁铁使用——这是他们把第一次遇到的磁性推广总结的迹象。研究人员认为，孩子坚持的时间越长，他们对"布利基特具有磁性"这一思想的理解就越充分。看过成年人故意将布利基特当成磁铁使用的3岁孩子不断用没有磁性的新布利基特吸取回形针，这与成年人是否教过他们布利基特的性质无关。相比之下，只有被明确告知布利基特具有磁性的4岁儿童才会坚持用新布利基特吸取回形针。巴特勒和马尔克曼指出，在三四岁之间，儿童开始发现人类在形成和传达思想上起到的重要作用。只有到了4岁，他们才能将一个人对事物的意图和分享思想的意图区别开来。儿童不仅通过这种方式了解他人的思想内容，而且知道思想是由人形成和交流的。[22] 皮亚杰的小小被试可能也在向他传达同样的思想。

近100年后，尼尔科斯·普拉姆灵（Nilkos Pramling）重新分析了皮亚杰之前询问儿童对蜥蜴、行星、梦境和因果性质看法的数据。通过更加仔细地观察数据本身，而不是皮亚杰对答案的解读，普拉姆灵发现，一些证据表明，儿童比皮亚杰想象的更加复杂。皮亚杰认为，一些回答是儿童思维活动过度具体、缺乏逻辑的证据，比如将梦境描述成发生在眼前的事情。不过，普拉姆灵发现，孩子们其实是在努力传达复杂难懂的现象。皮亚杰的一个小小被试甚至说："它就像发生在你眼前一样。"孩子对梦境的看法并非原始天真。相反，他们试图传达梦境并非现实但却使人有生动感受的悖论。[23] 也许，皮亚杰没有意识到，他的小小被试掌握了探索复杂抽象现象的更加微妙、更加高级的方法。

皮亚杰的失误还具有其他启示。要想提出新思想，或者真正考虑他人的思想，在某个发展阶段，儿童需要意识到他们在做这件事。亚里士多德相信，受过教育的标志是在不接受某种思想的情况下充分考虑这种思想的能力。很小的孩子不会将思想看作可以远离、从多个角度观察或重新考虑的事物。这需要时间和教育。为此，儿童首先需要获得关于思想的思想。这件事什么时候才会发生呢？

为回答这个问题，我和我的学生让4～6岁儿童告诉我们思想是什么。接着，我们让他们说出自己的某种思想。下面是他们的部分回答。

儿　　童：如果你有思想，你可以制作你想要的任何事物。
实验者：那么，你的思想是什么？
儿　　童：打个结，把它系上。

实验者：那么，你的思想是什么？
儿　　童：不知道，我把它忘在家里了！

实验者：你把什么忘在家里了？

儿　童：我的思想！

实验者：那么，什么是思想呢？

儿　童：哦，思想是你所想的事情！

实验者：是你所想的事情？

儿　童：它很迷人，也可能有点儿可怕。

实验者：它很迷人？为什么？

儿　童：因为它很重要——因为它有点儿像，那个，就像，你可能想到不好的事情。

实验者：你能为你的思想或者你听过的思想举个例子吗？什么都行。

儿　童：我的思想是得到一只豚鼠！

儿　童：嗯，类似那种的，你想实现的那种，或者无法实现的，比如……

实验者：得看情况？

儿　童：是的，比如，你在头脑中思考它们。

实验者：在你的头脑中？

儿　童：你也可能看到它们，比如用眼睛看到。

实验者：怎样看到它们？

儿　童：如果我看到绳梯，我可能会想我可以建造树屋。

儿　童：思想是你所思考的事情，是你认为行得通的事情。比如，如果你想跃过秋千，你就有了一个思想。

实验者：如果它行不通呢？

儿　童：如果它行不通，你就没有形成思想，它不算思想。

这些数据意味着小孩子认为思想是计划或反映其思想的具体事物（比如图画）。不过，到了6岁时，更多的孩子会认为思想是一种概念。他们知道，思想有好有坏。大约同一时期，儿童不仅可以带着一定的亚里士多德式的超然立场探索思想，而且喜欢这样做。

在20世纪80年代早期，哲学家加雷斯·马修斯（Gareth Matthews）开始和儿童谈论哲学。他不想进行传统哲学实验，但他想知道儿童能否以哲学方式思考哲学问题。为此，他向儿童讲述了与他们年龄相仿的孩子遇到的问题，这些问题的解决需要哲学推理。例如，在一个故事中，两个孩子即将在旅行中参观一艘历史上著名的船只。他们想，既然船上的一切——所有的风帆、木板和铁器——在某个阶段的维修过程中都已被替换，那么它还是原来那艘船吗？一个孩子说是，另一个孩子说不是。

在朗读一段类似的小故事后，马修斯问小小倾听者故事中哪个孩子的观点是正确的。他朗读的大部分故事没有结尾，所以，他也会邀请听众提供最好的结局。孩子对这些哲学故事的反应令人吃惊，这说明早在五六岁时，儿童已经对这些故事感兴趣了，而且喜欢思考这些抽象微妙的问题。不过，孩子们的反应也为我们提供了另一个重要线索。孩子们的反应十分热情，他们立刻投入到活动之中，说出了各种推理。这意味着这种思维活动对他们并不是新鲜事物。和他们的自发的思维活动形式相比，这是一种量变，不是质变。在许多情况下，他们似乎已经思考过了问题的一个或多个方面。例如，下面是马修斯的另一个故事：

"嗨，弗雷迪，学校怎么样？"母亲在弗雷迪沿花园小路走来时和他打招呼。

"很好，"弗雷迪回应道，"不过，我的科学课上有一个来自英国斯托诺韦镇的怪小孩。他叫伊恩。他今天上课时对我小声说：'奶酪是由草构成的。''你在开玩笑。'我说。接着，我们的老师麦科尔先生发现我们在交谈，问我们在说什么。伊恩重复了他对我说的话：'奶酪是由草构成的。''这是很有趣的论断，'麦科尔先生说，'我们一定要在下个星期进行讨论。'你觉得伊恩的话是什么意思呢？"

"这很简单，"在门廊上一边吃酸奶一边听他们谈话的艾丽斯说道,"他的意思是,奶牛用草制造牛奶,农民用牛奶制造奶酪。如果甲是由乙构成的,乙是由丙构成的,那么甲就是由丙构成的。奶酪是由牛奶构成的,牛奶是由草构成的,所以奶酪是由草构成的。"

此时,弗雷迪已走到前廊,把书本丢在地板上。他瞪了艾丽斯一眼,然后转向母亲。"艾丽斯说得对吗,妈妈?"他问道。

"我们吃饭时再谈这件事吧,"母亲回答道,"我现在有事要出去。"

马修斯说,听到这个故事的孩子觉得艾丽斯的推理很有道理。其中一个孩子唐纳德总结道:"从某种角度看,这是事实……这听上去很奇怪,但是从某种角度看,草的确是奶酪。它是成为奶酪的第一阶段——第二阶段是牛奶……第三阶段是奶酪。"唐纳德还说:"它们都是同一个事物,是它成熟过程中的不同阶段。"另一个孩子评论道:"我们并没有真正注意到事物到底是由什么构成的……牛有四个不同的胃。"

在某个讨论阶段,马修斯提出,构成一件事物和制成一件事物可能存在区别。孩子们接受了这一思路,承认书是由纸制成的。不过,许多人说纸并不是由木材构成的,但它可能是由木材制成的。

"如果它是由木材构成的,"10岁的马丁说道,"它就会变成木头材质的了。"

马修斯总结了一个小组的讨论:"到了最后,爱丁堡的孩子们……愿意承认,牛奶是奶牛用草制成的,奶酪是农民用牛奶或奶油制成的。不过,他们更愿意否认奶酪是由牛奶构成的,也否认牛奶是由草构成的。这种否认是正确的,尽管他们没有询问我的意见。"[24]

孩子们对马修斯提出的难题进行了积极思考,这很能说明问题。他们能对事物性质这种复杂深奥的事情进行如此细致的推理,说明这不太可能是他们第一次尝试思考复杂抽象的事物。相反,马修斯的叙述支持了下面的观点:儿童会思考这类事情,尽管他们并不总是以明显的方式分享自己的想法。

那以后,我们获得了更加系统的数据,证明了相同的结论。卡伦·巴奇(Karen Bartsch)和亨利·韦尔曼(Henry Wellman)在《儿童谈心智》(*Children Talk about the Mind*)一书中描述了小孩子用"想""知道"和"想要"等词语揭示他们对"存在头脑这样一个事物"这一思想日益深刻的理解。通常,到了3岁,儿童就会清晰表明,他们至少会用一些时间思考他们的思维活动。看一下巴奇和韦尔曼记录的快到3岁的亚当和一个成年人的对话:

亚　　当:我……在思考?

成 年 人:你在思考?

亚　　当:是的。

第三章 对抽象概念的认知

成年人：你在思考什么？

亚　　当：思考树叶。[25]

儿童对"思考"等动词的使用表明，他们模糊地意识到思考是一项独特的活动，是他们采取的行动，就像跳跃和唱歌一样。在这方面，我最喜欢的一个例子来自一位年轻同事，她带着两岁儿子米罗去博物馆。当他们站在一起注视毕加索的一幅大型抽象画时，小巧玲珑的米罗用异常沙哑的声音和快速的语调说道："这很有刺激性。"

他的母亲吃了一惊："它有刺激性？"

米罗指着自己的脑袋："它使你思考。"

后来，当她和我笑着说起这件事时，她解释说，她和米罗"经常一起谈论艺术"。她总结道，她一定经常使用"刺激性"一词：

> 我想，在这些对话中，他得出了不太正确的想法，即"刺激性"一词可以用于一切抽象艺术。他只会把这个词语用在艺术上，而且专门用于描述那些无法识别出任何事物的艺术品。例如，如果艺术品是猫的雕塑，他会说："那件艺术品是猫！"如果是月亮，他会说："那件艺术品是月亮！"如果是毕加索的作品，不是显而易见的猫和月亮，他就会说："那件艺术品具有刺激性！"

> 他称自己的艺术品具有刺激性,因为那是涂鸦。我想,他觉得刺激性是指"没有明确呈现某种事物的艺术品"。

还有间接证据表明,小孩子对思想的组成部分很敏感。4岁儿童似乎知道,他们解决问题所需要的事实取决于他们已经知道的事情。卡罗琳·贝尔(Carolyn Baer)和奥里·弗里德曼(Ori Friedman)让4岁、5岁和6岁儿童教玩具熊新知识。孩子们需要向玩具熊描述一种看上去像绿色大青蛙一样的非常奇特的雨伞。在一种场景中,孩子们被告知,玩具熊非常了解雨伞,但它从未见过像青蛙一样的雨伞;在另一种场景中,孩子们被告知,玩具熊对雨伞一无所知。研究人员关注了不同场景和年龄的儿童对一般信息(雨伞可以挡雨)和具体信息(伞是绿色的)的使用有何不同。4岁儿童同时提供了一般信息和具体信息,不管研究人员告诉他们熊已经知道了什么。不过,5岁儿童只有在和"无知熊"说话时才会使用一般信息,在教导已经了解雨伞的熊时则会跳过一般信息,只讲述具体信息。[26]

伊戈尔·贝斯科契夫(Igor Bascandziev)和保罗·哈里斯对另一个有趣的方向进行了研究,他们探索了儿童不仅能参与物理实验,还能参与思想实验的可能性。在一项研究中,三四岁儿童观看实验者将球分别扔进三个杯子,每个杯子通过不透明的S形管与其下方三个杯子中的一个相连接。当实验者把球放置在某个杯子上方,准备把球扔进去时,他会让孩子预测球会掉进下面哪个杯子里。在儿童只做观察的实验场景中，3岁儿童指出，球会直接掉进上面杯子正下方的杯子里——这是基于重力的简单推理，但他忽略了弯管的影响。不过，在孩子有机会摆弄设备的场景中，许多人修改了自己的直觉理论，认为球会掉进弯管另一端的杯子里。[27]

到目前为止，研究显示了皮亚杰及其许多追随者提出的理论——通过自己的行动，儿童可以发现关于世界运转方式的新知识。不过，贝斯科契夫和哈里斯想知道儿童能否通过思考了解世界。所以，在另一组实验场景中，他们不是让孩子触摸设备，而是向他们介绍了球掉落在与下落位置不同的其他位置的原因和方法。结果是相同的：就连3岁儿童也开始发现正确的掉落位置。注意，这项研究与源于直接指导的学习无关。现在，学界已经公认，单纯为孩子提供正确答案几乎无法改变孩子的思维方式。相反，如果你能引导孩子想象整个过程的每个步骤，他们就会自己得到新思想。贝斯科契夫和哈里斯指出，即使是三四岁儿童，也能参与缜密的思想实验——这种实验既是思想活动，也是物理活动。

像这样仔细构建的实验很有启发性，因为它们使儿童参与到了对陌生思想的持续审慎的思考中。不过，在日常生活中，孩子常常不会这样做，这可能是因为不是所有思想实验看上去都是相似的。

当马修斯邀请小学生和他谈话时，他发现了儿童获得探索能力的重要线索：这个过程是由故事组成的。和小说家类似，教育工作者也知道，把一件事编成故事会使它更具吸引力，尤其是对于小小倾听者而言。不过，有证据表明，故事的作用不只是吸引。它们反映了思想的基本结构。我们至少在35年前就知道，故事结构是儿童理解周围世界的第一种途径，也是最重要的途径。儿童天生喜欢将日常经历组织成拥有开头、中间和结尾的故事。不管是讲述事实还是虚构事件，他们都会这样做。每个故事包含了人物、问题和解决方法。叙事结构不仅可以帮助儿童理解日常生活，而且可以为更加抽象的思维铺平道路。

例如，想象一个经常去动物园的3岁孩子。她为动物园编写了脚本："我们去动物园时，我会喂海狮。有时，我们会去看蛇。如果有时间，父亲会给我买爆米花零食。"通过这种脚本，孩子形成了用故事讲述具体经历的能力："一次，我们去动物园，但是蛇不在了。所以，我们去看鹦鹉。"孩子先是用脚本叙述自己的经历，然后用故事叙述自己的经历。通过这种方式，孩子开始将事物和事件重组成更加抽象的类别。像"我去动物园时看到的动物"这样的分类最终会演变成"野生动物""大型猫科动物"和"哺乳动物"这样的概念。

这种早期智力发展的基本特征也许可以解释为什么马修斯的方法看上去如此成功。也许，通过用故事形式表述哲学问题，马修斯使抽象概念变得能够被小孩子接受。为证实这一点，我和安娜·德卢瓦（Anna Deloi）[现已更名为安娜·柯比（Anna

第三章 对抽象概念的认知

Kirby）]对幼儿园学生进行了一系列实验。在第一项实验中，安娜向一些孩子讲述了关于公平思想的两个故事中的一个。我们觉得这个故事涉及的人物和场景与孩子们的生活非常接近。下面是安娜讲述的第一个故事：

> 我要向你们讲述一个故事片段，看看你们能否帮助我为故事补充结尾。故事是这样的：一天，女孩埃米莉在卧室里看她最喜欢的电视节目。她父母的朋友来了，带来了三个和埃米莉年龄相仿的孩子：汤米、凯蒂和亚历克斯。突然，汤米、凯蒂和亚历克斯跑进卧室，要求埃米莉换台，以便让他们看电影。埃米莉觉得这很不公平，因为她是先看电视的人，她看电视节目的愿望和他们看电影的愿望一样强烈。不过，对方说，三个人的愿望比一个人的愿望更重要。你们觉得这个故事应该如何结尾？（孩子们做出回应。）所以，这个故事讲的是公平，这是一个令人困惑的思想。如果有人问你们公平的含义，你们会怎样回答？

第二组儿童听到了非常类似的故事。这个故事同样围绕公平思想展开，但它描述的是农民和土地出售——这是陌生的场景和人物。安娜是这样说的：

> 我要向你们讲述一个故事片段，看看你们能否帮助

我为故事补充结尾。故事是这样的：多年前，有一个农民在一小块地上种玉米，以此为生。一家新公司搬到镇上，来建造大型办公楼。一天，公司里的三个人来到农民的土地上，要求他把农场卖给他们，让他们在那里建造新的办公楼。农民觉得这不公平，因为他是先来到这里的人，他种地的愿望和他们盖楼的愿望一样强烈。不过，公司里的人说，三个人的愿望比一个人的愿望更重要。你觉得这个故事应该如何结尾？（孩子们做出回应。）所以，这个故事讲的是公平，这是一个令人困惑的思想。接下来，我想知道，如果有人问你们公平的含义，你们会怎样回答？

第三组场景中的儿童听到的是对公平的解释而不是故事，但它在词汇和长度上与前两个故事类似。这个解释版本是学校老师向孩子讲授各种主题时使用的那种非常清晰但很乏味的解释。它是这样的：

> 我要向你们讲述我一直在思考的一个思想，看看你们是怎样想的。我一直在思考怎样才能使事情变得公平。我们常常听到人们说某件事情公平或者不公平，但我不知道他们在说什么，因为我不知道什么是公平。如果一件事情对一些人有利，但是对另一些人不利，你们

怎么知道它是公平的呢？公平也许总是对最多的人有利，或者有时候，一个人的需要可能比群体的需要更重要。你们怎么看呢？在你们看来，上面哪一个才是公平的正确含义呢？（孩子们做出回应。）所以，这种对公平的讨论很不错，但公平仍然是一个令人困惑的思想。接下来，我想知道，如果有人问你们公平的含义，你们会怎样回答？

和听到解释的孩子相比，听到故事的孩子对公平概念获得了更多了解，不管是埃米莉的故事还是农民的故事。他们的回答更加准确，包含了更多信息。和更具说教性的呈现形式相比，当你把概念包装成故事时，孩子可以获得更多知识，这并不令人吃惊。不过，由于我们对孩子研究思想的热情感兴趣，因此我们也统计了他们在回答中使用的词语数量。我们认为，如果一种故事或解释可以使儿童更好地参与到对思想的思考中，它就会表现为孩子用更大篇幅谈论对这一思想的兴趣。显然，埃米莉和农民的故事引发了更长、更加详细的回答。

对于我们的数据，一种可能的解释是，故事会引发故事，孩子使用的词语数量更多仅仅反映了他们继续讲故事的倾向，而不能反映他们谈论公平思想的兴趣。不过，这与我们观察到的现象不符。孩子们没有继续讲故事或者开启新故事。他们更多谈论的是思想本身。听到对公平简单解释的孩子在解释公平思想时最为吃力。

事实证明，两个故事的内容也很重要。和听到农民故事的孩子相比，听到埃米莉故事的孩子提供了更加清晰的解释，更愿意讨论公平思想。看起来，故事形式是吸引孩子研究思想的强大而诱人的结构，但最能激发孩子丰富思想的是在内容和人物上最能与他们自身经历产生共鸣的故事。[28]

显然，结构良好的叙事可以提高孩子研究某种思想的意愿。不过，除了提高兴趣，叙事能否帮助孩子理解或学习新思想？为此，我和安娜用两种方式向幼儿园和一年级学生介绍了一种有难度的思想。这项研究有4个场景：我们向被试分别介绍两种哲学概念——二元论和绝对论，并以教学或叙事方式向他们教授这一概念。例如，在"二元论／教学式"场景中，我们向孩子做出了下面的解释：

> 我想向你们介绍一种很棒的思想，你们也许没听说过，它叫二元论。它是指人们是由身体和心理这两个不同部分组成的。你们知道，你们的脑袋里有一个大脑，对吧？你们的大脑是身体的一部分，它一直在工作，以控制你们的行动，使你们的眼睛和耳朵能够识别周围的事物。不过，相信二元论思想的人说，你们的思想和感觉不是来自大脑，而是来自心灵，它是看不到也触摸不到的。所以，你们的身体可能有一种感觉，但心灵可能有另一种感觉，两者可能是完全不同的。比如，你们的

身体可能一点儿也不饿，但你们的心灵可能还想吃冰激凌，对吧？你们之所以想吃冰激凌，不是因为你们的身体需要食物，而是因为你们的心灵知道，冰激凌很好吃，或者你们的朋友都在吃，你们想和他们一起吃，以获得快乐。每当你们的心灵和身体出现这种差异时，这都是二元论的体现。你们如何看待这一思想？你们是否赞同？

在"二元论/叙事式"场景中，另一些孩子听到的说法是这样的：

> 我要向你们讲一个故事。从前，纽约市最大那家餐厅的厨师举行了生日派对。有人做游戏，有人跳舞，餐厅里的工作人员制作了厨师最喜欢的食物。接着，面包师端出了漂亮的十层蛋糕。此时，厨师已经很饱了，他不知道胃里是否还有额外空间。不过，他知道蛋糕很美味。不管怎样，他都想吃一点儿。"为什么我这么饱了，但是还想吃蛋糕？"他向朋友问道。"你的胃是身体的一部分，你的身体感觉饱了，"他的朋友回答道，"但你的心灵和身体是不同的，你的心灵想吃蛋糕。这叫二元论——你的身体和心灵是不同的事物，所以会有不同的愿望和感觉。"厨师点头同意，然后吞下了四块蛋糕。

之后，他感觉很难受。不过，他仍然对派对的热闹氛围感到高兴。"我的身体感觉很难受，"他想道，"但我心里很高兴。这大概就是二元论吧。"你们是怎样看待二元论的呢？你们是否同意厨师朋友的观点？

在这两种教授二元论的场景中，实验者接下来让孩子从下面五个选项中选择最能定义二元论的说法：

1. 你的心灵和身体是不同事物，它们有时具有不同感受。
2. 每个人都有自己的思想和感觉。
3. 你的大脑可以帮助你行动，帮助你看到、感觉到事物。
4. 你的所有部分总会在同一时刻想要相同事物。
5. 有时，我们很难确定我们想要什么。

实验者还向孩子们展示了另外五句话，问他们哪句话听上去最像二元论：

1. 你在参加通宵聚会，你的身体感到很困倦，但你的心灵想要保持清醒，以便用更多时间与朋友嬉戏。
2. 你踢到了脚趾，你的心灵现在无法思考其他事情，因为你的身体很疼。
3. 在足球比赛中，你想踢出制胜球。接着，你的脚踢出了制胜球。

4. 你无法入睡，因此你非常专心地放松。接着，你很快睡着了。
5. 你刚刚吃到了你最喜欢的美味食物，这使你感到很快乐。

结果，当孩子听到包装成故事的思想时，他们可以学到更多，更加准确地理解这一思想（包括二元论和绝对论）。

读者可能会耸耸肩，认为这是显而易见的：和逻辑性的抽象阐述相比，孩子当然会从故事中获得更多知识。不过，这些更加枯燥的解释和定义形式是老师向小学生授课时使用的主要方法，不管他们讲授的是简单事实还是复杂概念。在一天的大部分时间里，孩子遵循练习题或黑板上的程序和指导，消化教科书里的特定内容信息。他们主要是在学校以外——在家里，在操场上，在商店里——无意中听到的故事中获得各种值得深思的东西。有证据显示，所有这些不经意的叙述都会产生影响。

卡罗琳·舒尔特（Carolyn Schult）和亨利·韦尔曼向2～4岁的孩子讲述了一些故事，每个故事都包含了惊人的反转。例如，在一个故事中，一个小男孩决定就着牛奶吃麦片，但他从冰箱里取出了一只壶，将橙汁倒进了碗里。接着，他们问孩子："为什么会这样？为什么吉米把橙汁倒在麦片上？"孩子们并不总是能够说出最令人信服的理由，但他们提出了与结果相符的原因（吉米的某种想法或感觉使他用了橙汁而不是牛奶）。[29] 韦尔曼及其同事的另一项研究同样关注了对原因的解释。他们用儿童语言数据交换系统数据库分析儿童对各种人类行为的自发解释。他们也发现，孩子能够想通涉及相关人员的场景。3岁的亚当说："我说话的声音很小，因为我不想吵醒别人。"4岁8个月大的罗斯说："他会吃东西，因为他需要生存。"之后，罗斯还说："他有一颗牙坏了，因为他从自行车上摔下来，摔到了脸。"[30] 孩子们的说法显示，他们可以形成适合不同事件的不同解释，包括心理性、物理性和生物性解释。到了3岁时，孩子已经在不经意间形成了构建口头因果理论的框架。[31]

不过，这个故事的一个关键部分仍然处在黑暗之中。我们现在知道，儿童可以用非常准确缜密的方式解释事情，这是我们之前不知道的。不过，你能解释的事情和你想解释的事情是不同的。我已经试着证明，儿童在很小的时候就开始形成思想了。不过，故事并没有就此结束。每个3岁儿童都是成长中的知识分子，但是只有部分人会继续走上这条路。到了青少年晚期，一些人会热情而勤奋地追求思想，另一些人则不会，两者差异明显。

到了上大学时，许多学生可以学习复杂思想的梗概和抽象概念。上高中时，他们很可能被要求解释法国大革命的根源、定义惰性物质、评论资本主义思想。他们可以学习思想，但这并不意味着他们在主动追求自己的思想。到了成年早期，少数人会热情地磨炼新思想，用新知识来完善它，或者从不同角度重新考虑这种思想，对其进行强化。随着儿童的成长，他们可能拥有许多思想，但许多都是短暂、脆弱、通常很普通的小思想。他们并没有将日常生活中的小思想与影响自己生活并且可能影响他人生活的大思想联系起来。

弗洛伊德的幽灵

托尼·格林沃尔德（Tony Greenwald）的科学突破听上去并不惊天动地，它甚至听上去有些耳熟。在格林沃尔德看来，他只是和同事马扎林·贝纳基（Mahzarin Banaji）在华盛顿大学根据他们欣赏的一些心理学实验得到了一种炫酷的新型研究方法。

1980年，格林沃尔德发表了一篇具有影响力的重要论文，题为《极权自我》(The Totalitarian Ego)。他在论文中指出，一个人的自我意识决定了这个人对个人生活的记忆。[32] 他的观点产生了影响：各地研究人员都在谈论它，并且设计实验进行检验。不过，格林沃尔德的兴趣并没有就此停止。和其他科学家类似，随着时间的推移，他改变了实验的关注点。通常，某项研究会开启通往另一项研究的意外道路，使他研究新的主题。到了1990年，他的大部分论文都在关注人们的态度。和当时许多社会心理学家一样，他想知道为什么人们如此固执地坚持某些态度，哪些条件会使人们更加开放地改变思想。他的实验关注点发生了转变，但他对学术的投入没有改变。他一直想知道，人们的思想和行为是如何由内心主宰支配的，这个内心主宰很难压制，它似乎在实施铁腕统治。

格林沃尔德还开始了新的探索方向。他想知道人们在无意中对需要判断的事情使用的分类方式。他想知道为什么人们很容易预测一男一女两个候选人中的哪一个会应聘成功，为什么白人顾客更愿意去找白人售货员而不是黑人售货员。他知道，如果去问实验参与者男人是否比女人更有资格从事某项重要工作，他们会坚持说，这与性别没有任何关系。类似地，如果问白人是否相信白人售货员更优秀，他们也会否认。格林沃尔德知道，人们对自身态度的言行不一致不是小毛病和小问题，而是一个广泛而重要的心理现象的体现，就像《纳尼亚传奇》故事中的衣橱一样。

同时，和美国各地的心理学家一样，格林沃尔德也在积极探索如何利用计算机这种强大的新工具研究人们的心理，发现他们不愿意或者没有能力说出的个人倾向。他设计的方法看上去很直观：如果人们经常将某些类别联系在一起（比如男性和有能力），使人联想到这些类别的词语就会比他们通常不会联系在一起的两个类别的词语（比如女性和有能力、男性和没有能力）更容易匹配。利用简单的软件应用程序，你可以让数百人参与快速的词语分类游戏，捕捉他们的点击行为。当被试遇到他们通常会或者不会联系在一起的词语类别时，计算机可以检测他们响应时间的细微差异，这是人类研究者无法做到的。

为测试这一概念，格林沃尔德和贝纳基首先设计了基于计算机的练习，包含了昆虫和花朵的名字，以及大多数人认为愉快的事情（比如柔和、天堂、朋友）和大多数人认为不愉快的事情（比如危险、呕吐、昏暗）。被试坐在屏幕前，屏幕上显示两列词语。实验者发出了下列指令：屏幕将会依次显示58个词语，看到花朵和其他使你愉快的事物，请点击左侧按钮；看到昆虫和其他使你不愉快的事物，请点击右侧按钮。

格林沃尔德和贝纳基测量了每个人将所有词语分配到左边和右边的时间。接着，他们向被试提供了第二组清单。这份清单也包含了昆虫和花朵、令人愉快和不愉快的事物。这一次，被试需要将所有令人愉快的事物和昆虫放在左边，将所有令人不愉快的事物和花朵放在右边。他们认为，如果人们不想把昆虫和令人愉快的事物联系起来，将花朵和令人不愉快的事物联系起来，这个版本的游戏就会花费他们更长时间。事实正是如此。[33]

所以，人们将词语分配到某一列的时间是对其隐性联想的可靠衡量。接着，格林沃尔德和贝纳基准备测量他们真正关心的事情，即种族偏见。在第二个版本的测试中，他们让人们观看可能使他们产生负面或正面联想的人物图片和词语。例如，被试可能看到28个物品，其中半数是黑人和白人儿童的面孔，半数是幸运、和平、忠诚、甜蜜、仇恨、痛苦、腐烂和悲剧等词语。格林沃尔德对计算机进行了设置，以迅速呈现词语和图像，使被试没

第三章　对抽象概念的认知 \\\

有时间思考。接着，他进行了测试。在负面词语和白人面孔相匹配、正面词语和黑人面孔相匹配的测试版本中，人们花费了更多的时间。作为隐性联想理论的提出者和研究设计者，即使是格林沃尔德本人，也在测试中得到了同样的结果。

格林沃尔德对自己在测试中的表现及其体现出的他自己的隐性偏见感到吃惊。同时，他也为这种方法的威力而激动。他知道，他做出了重要发现。不过，他并没有立刻意识到他的方法将在心理学领域引发怎样的反响。在几年时间里，内隐联想测试已经成了研究人员的重要工具之一，它使心理学家能够窥探人们心中的阴暗角落，看到他们是怎样组织日常经历的。研究人员还通过其他方式测试人们的无意识种族歧视，揭示与年龄、性别、运动和宗教信仰有关的其他隐性偏见。它甚至被用于衡量人们对自身的看法。[34]在一项研究中，马琳·桑德斯特罗姆（Marlene Sandstrom）和雷切尔·乔丹（Rachel Jordan）利用这项测试测量儿童的自尊，发现自信儿童可以在更短的时间里将关于自身的词语划分为积极词语，对自身持有负面观点的儿童则具有相反的表现。[35]格林沃尔德和贝纳基似乎为我们提供了思想的 X 射线机。

格林沃尔德和贝纳基的研究还远远超出了实验室范围，这一点同样重要。他们的结论改变了现代社会对种族歧视的看待方式。在此之前，至少在美国，人们普遍认为，我们知道自己的观点和意见。如果一个人声称自己不是种族歧视者，他就不是种族歧视者；如果一个人表现出种族歧视行为，他就应该承认这一点。你的言语代表了你的思想。你所认为的个人思想是值得信任的。格林沃尔德告诉我们，这种观点是完全错误的。他是这种现象的研究者，但是即使是他本人也没能发现埋藏在内心深处的个人思想。

在内隐联想测试首次得到使用后的10年之内，隐性偏见思想已经渗透到了公众意识中，成了所有美国人日常对话的组成部分。它被所有人挂在嘴边，不再是学者研究的深奥概念。2016年，在美国总统候选人的首次辩论中，民主党候选人希拉里·克林顿（Hillary Clinton）说："隐性偏见是所有人的问题，不限于警察。"[36]

2018年4月，两个黑人走进费城的一家星巴克店，坐在一张桌子旁边，但是什么也没点。不久，一个白人员工报了警。警察赶到，以闲逛的罪名逮捕了他们。不过，检察官拒绝提起指控，因为没有证据表明两个人犯下了任何罪行。这两个人似乎并没有过错，他们只是来找朋友的。有错的似乎是员工，因为他得出了错误的结论：不买咖啡的黑人一定是来闹事的。这名员工被解雇了。星巴克的总裁凯文·约翰逊（Kevin Johnson）承认，即使是拥有进步名声的企业，也会有"无意识偏见"。他宣布，星巴克全部8000家门店将会关闭一天，为17.5万名员工提供反偏见培训。在短短20年时间里，任何人都可以参与的短短几分钟的简单测试使社会对种族歧视的态度发生了巨大改变。托尼·格林沃尔德的思想变得无处不在。到了2018年，这种思想已经变得非

第三章 对抽象概念的认知

常深入人心,以至于星巴克不得不放弃数百万美元收入,以挽回自己的名声。

不过,他们的理论核心并非独创,它已经存在了一个多世纪,诞生于19世纪中叶的维也纳。当时,弗洛伊德提出了无意识思想。弗洛伊德的理论恰恰证明了某种思想即使遭到全面驳斥也会保持深刻的影响力。弗洛伊德不仅经常被心理学领域忽视,他的思想也被大众普遍反对。只有少数人愿意承认自己拥有没有意识到的思想和感情。[37] 如果你对朋友说,他们的行为揭示了隐性感情或思想,他们很可能会对你的说法产生怀疑。他们会说,你是错的:他们怎么会拥有自己不知道的感情呢?

不过,这种思想仍然留存了下来。几乎所有美国人都听说过无意识,它甚至出现在填字游戏中。在某种程度上,它每天都在得到证实——白人在看到黑人走近时会横穿街道,人们在口误时会说出尴尬的事实,长期被人遗忘的记忆会激起某种情绪。我们仍然把这头野兽关在地窖门后面,并且仍然没有意识到我们在这样做。当我意识到奇怪而不规则的房屋代表了我的无意识心理时,那个梦从我的睡眠中消失了,再也没有出现。

既然思想对我们的生活具有如此深远的影响,为什么我们不能帮助更多孩子学着对其进行思考并创造属于自己的思想呢?为此,我们需要做什么呢?

第四章

思想工坊

> 我记得,在上学期间,我只获得过两次提出个人思想的机会,我觉得这一事实典型而可怕。
>
> ——埃莉诺·达克沃思(Eleanor Duckworth)

▼
▼▼
▽

艾丽斯·霍普（Alice Hope）相信自己即将成为艺术家。她身材苗条，长着一张漂亮的大脸，四肢纤细，穿着垂至臀部的紧身灯芯绒外衣和旧式系扣衬衫，衬衫下摆没有塞进裤子里。她看上去邋遢而又有些时髦。她在里德学院（Reed College）遇到了未来的丈夫，毕业后不久生下了一个小女孩。在女儿出生后的前几年，艾丽斯完成了一些绘画和雕塑，但她当时并没有投入全部精力。她对自己的艺术潜力缺乏信心，而且被家务缠身。

女儿 5 岁时，艾丽斯在一所小型市郊学校当老师。她的班上有 15 个孩子，年龄处于 6～10 岁。她被告知，她拥有自由行动权——她应该自己想办法让孩子学习努力思考、写作、制作手工、数数和阅读。我当时在为这所学校提供咨询。我告诉她，她最好能和孩子们研究一个大项目，得到其他人最终能够看到或使用的成果。她什么也没说。我甚至不知道她有没有听到我说的话。

艾丽斯看上去心事重重,有点儿心不在焉。说话时,她常常在意想不到的地方停顿——这似乎不是因为她需要时间组织思路或者感到紧张,而是因为她不确定是否应该把自己的想法说出来。她能把最平凡的琐事说得让人有点儿听不懂。一次,在关于后勤的教师会议中,有人问她是否愿意为她的班级安排午餐后的休息时间。她没有回答愿不愿意。相反,她停了一会儿,看着提出问题的女人,仿佛她的心思不在现场。"如果有时间感受材料,他们似乎常常可以取得最佳表现,"她最后说道,"我想让他们知道在没有发生任何有意义的事情时进行研究的感觉。"她又停了一会儿,"我觉得休息不错。之后,我们也许可以用接下来的时间研究不太需要思考的出于本能的事情。"即使是最坚定、最专注的人也需要想一会儿才能知道她在说什么。在接受常规培训的小学老师之中,她很特别——就像一堆简单整洁的蓝色圆圈中的一抹灰绿色一样。

在这一年的前几个星期,从她的教室经过的其他老师常常对他们看到的景象感到有些困惑。她的教室和他们的教室有点儿不同。在我参观这所学校时,我看到两个孩子涨红了脸,愤怒地跑向艾丽斯,用尖锐的声音抱怨另一组孩子入侵他们指定的活动空间,在他们建造项目的地方丢下纸屑和垃圾,把他们赶出了"他们的"领地。艾丽斯带着难以捉摸的表情低下头,看着孩子们激动的表情。她似乎不知道说什么,或者不知道如何解决问题。更有经验的老师可能会迅速让他们返回书桌,和其他孩子共同完成任务;或者走过去,让入侵者搬到其他地方。不过,艾丽斯犹豫了一会儿,然后用近乎冷淡的平静语气说:"这个活动很吸引人,不是吗?制作故事板很困难。你们想不想把纸张摆在那边的长桌上?"孩子们似乎很激动,因为她既没有严厉批评入侵者,也没有让他们平静下来。他们一言不发地站了一会儿,对她没有直接回应他们的做法感到困惑。接着,他们看了看她所指的长桌。其中一个人稍微耸了耸肩。接着,他们拿起作品,在新位置铺开,重新投入到活动中。

一些孩子起初不理解她,但在几周时间里,所有人似乎都适应了她的教学风格。孩子们开始理解艾丽斯的节奏和她的交流方式。同时,他们做了学校里其他孩子所做的许多活动。他们选择一些书来读,并且撰写读书笔记;他们研究数值计算和基础几何;他们解决文字问题,开早会;他们去体育馆做运动,对埃及进行研究。艾丽斯和孩子们的融洽关系似乎不同寻常,但她的课程和学校里其他班级的似乎没有太大区别。

吸管和易拉罐拉环

接着，在 11 月，艾丽斯告诉学生，他们将要开始连接吸管。她带来了 40 多盒塑料吸管。她告诉大家如何挤压吸管的一端，将两根吸管连起来。她告诉他们，他们每天都要花一些时间连接吸管。"我想，我们应该制作最长的吸管，争取进《吉尼斯世界纪录大全》"。她把几本吉尼斯世界纪录摊开，让孩子们浏览。不过，她没有做太多的解释。根据她一贯的风格，她没有提到她的真正想法是想让学生"从物理意义上感知马里亚纳海沟的深度——11 034 米"。赢得纪录很有趣，但持久的好处将是掌握大量的数据。她向我讲述了这件事，仿佛在问"是不是每个老师都有一个近期目标和一个远期目标？"。

她让学生每天连接一些吸管。起初，其他老师和家长觉得很有趣。这似乎是不错的手工活动，可以使孩子平静下来，让他们在失去学习数学和阅读的动力时有事可做。一些人嘟囔说，指导小孩子在吉尼斯纪录中赢得一席之地看上去很奇怪。而且,为什么要赢得这项纪录呢?真奇怪。到了 3 月,少数孩子发起了牢骚。他们对连接吸管感到厌倦。他们还需要做多久?同时,另一群看上去喜欢坐在那里连接吸管的孩子开始谈论吸管的长度:当他们最终把所有吸管连在一起时,它会有多长?他们在现实生活中见过的最长的事物是什么?他们能否做出围绕地球一圈的吸管?如果将整串吸管链立起来,会发生什么呢?对于最后一个问题,孩子们用 25 分钟时间讨论了如何加固吸管链,因为它永远无法自己立起来。

这项工作很平凡,但他们的思考并不平凡。到了 5 月,他们制作的吸管链已经超过了 6115.5 米。虽然没有达到马里亚纳海沟的深度,但是他们打破了当年的最长吸管链纪录,在《吉尼斯世界纪录大全》中赢得了一席之地。

艾丽斯在学校又工作了一年,然后回到市内。她偶尔在街区学校做一些兼职教学工作,因为她喜欢和孩子们相处。不过,她大部分时间在用各种回收材料制作大型雕塑。几年后,她发起吸管项目时所在的学校邀请她给一个休产假的老师替班。这一次,她需要面对 11～14 岁的孩子。她说,她愿意替班,前提是他们允许她的班级花费大量时间收集、统计和使用易拉罐拉环。她的班级在 2 月开始了这个项目。到了 5 月末,学生们已经制作了巨大的易拉罐拉环雕塑。

此时,艾丽斯的关注点几乎完全从教学转到了艺术上。当年

第四章 思想工坊

年末，当她的女儿上大学时，她回到了工作室，开始全职工作。她制作了很大的雕塑，一些挂在墙上，一些放在地板上。几乎所有雕塑都有至少 1.5 米高，宽度通常也可以达到 1.5 米。它们是用小块金属和塑料制作的，易拉罐拉环是她最喜欢的材料。她的许多雕塑类似于中世纪的护身铠甲，其形状抽象，起起伏伏，类似于盾牌和波浪，一些雕塑甚至像是大型虚拟动物的金属兽皮。她还用易拉罐拉环制作小物件，比如漂亮的首饰。不到 5 年，她已经开始出售雕塑，举办展览，赢得大型作品的委托合同了。不过，她想念和孩子们做手工的日子。于是，她向多年前工作过的学校提出，她可以作为驻校艺术家一个星期来学校一次，和学生们制作一些东西。学校欣然同意了。

当她给我打电话时，我已经很多年没有联系她了。"我知道在我即将工作的学校，我想和孩子们做什么，"她说，"我想听听你的想法。"此时，我们相对而坐，面前摆着柠檬汽水。她停下来，这是她的一贯风格。她看了我一眼，然后说道："我想看看我们能否将难以理解的事情具体化。我想，我要用易拉罐拉环代表一段时间内的人口。我一直在思考尺寸的主观性——比如地平线。孩子们是否意识到地平线之所以看上去具有某种形象，是因为他们在用某个视角观察地平线？我不关心他们能否描绘地平线，甚至不关心他们眼中的地平线是什么样的。我想让他们思考主观性。"

她继续说道："老师具有根深蒂固的观念，认为孩子需要拥有'真实'或'动手'的经历。所有人都认为，只有使用具体事物，他们才能学会代数等抽象事物。这也许是事实，但这并不意味着抽象概念对他们没有意义，不是吗？我认为，他们喜欢思考抽象的概念。"

艾丽斯是对的。孩子能从教育中获得的最重要的事情就是构建个人思想、探索和思考他人提出的想法的倾向和能力。不过，大部分课堂不会专门关注思想，这很奇怪。它也被教育政策完全忽略了。教师鼓励孩子掌握和练习许多主题和技能。教育政策力图确保不知道某些事实或者不能展示重要学术能力的孩子无法升入更高的年级。不过，追求思想的能力被忽略了。人们通常认为，当学生学习代数、拼写、总结课文、排队、遵循指令以及我们努力教导的其他事情时，他们必然会获得追求思想的能力。这种想法是错误的。追求思想的能力并不是自然形成的。我们什么都教了，但却漏掉了最重要的事情。

如果你问家长或老师是否重视孩子的思想，大多数人会吃惊地瞟上你一眼，仿佛你在询问他们是否应该善待儿童。大多数成年人认为儿童拥有思想，但他们的表现却不是这样。老师、家长和羡慕的旁观者可能会注意到儿童用语的可爱，嘲笑他们奇怪的措辞，或者在某个孩子看似理解了复杂概念时羡慕他们的早熟。家人们很容易被小孩子的奇特观点逗乐，对某个孩子敏锐的洞察力留下深刻印象。

询问孩子的愿望和对各种事情的感受甚至成了某种时尚。你常常可以在公园、餐厅或课堂早会上听到成年人询问孩子的意见:"你的狗死去时,你感到悲伤吗?""那个鬼故事吓到了你,不是吗?"成年人也常常故意询问孩子的爱好:"你喜欢这部电影吗?""你今天下午想做什么?"显然,关注孩子的感受、为孩子提供话语权是有价值的。不过,这并不等同于认真对待他们的思想,帮助他们更好地构建思想。

街灯和灯泡

3岁时,我去一家位于教堂地下室的小型学前班上学。大多数时候,母亲把我放在自行车前面的儿童座椅里,载着我去上学。骑车路程很短,可能只有10分钟,但我们要经过6个红绿灯。我最早的童年记忆是母亲送我上学时和我做的游戏。她会说出第一个红绿灯的颜色(比如"绿灯"),然后由我说出另一种颜色(比如"黄灯")。接着,她会说出另一种颜色,然后由我说出另一种颜色。显然,只要说3次,我们就会把红绿灯的正常颜色说完。接下来,我们需要不断说出之前没有说过的新颜色。我记得这个游戏很烧脑。我想,这就是我现在仍然清晰记得我说出的最佳答案的原因。我坐在小小的座椅上,得意扬扬地喊道:"米色灯!"谁会想到这种颜色呢?更不要说想到这种颜色的信号灯了。"米色灯!"母亲叫道,"真是个不错的想法!"

现在想来,那也许是我第一次意识到,头脑中想到的事情可以构成思想,这种具体思想可能显而易见,也可能很巧妙;可能不同寻常,也可能很平凡。但是,它却是我自己的思想。当然,我当时不会用"巧妙"和"平凡"这样的词语来描述思想可能具有的性质。不过,我隐约体验到了想到新事物或不同事物的感觉。当我说出"米色灯"时,我产生了一种快感。

大多数儿童都有这种灵机一动的时刻。不过,这些稍纵即逝的想法只是个开始。接下来的3年左右,他们将获得探索、发明和思考思想所需要的全部技能。

总结一下:儿童从出生时起就表现出了好奇心的萌芽;到了3岁时,他们可以有意追求他们感兴趣的任何事情,提出问题,深入探索真正吸引他们的主题;同一时期,他们作为发明家的技能也在发展,尽管道路更加曲折。第二年,从他们开始玩过家家游戏和编故事的时刻起,他们就为想象各种问题的全新解决方案打下了基础;在同一发展时期,他们也开始追求更加抽象的思想,思考死亡、身份和同时性等问题。

在生命的前5年,探寻、发明和思想涉及的心理过程相互之间是比较独立的。每种心理过程遵循一系列特定步骤(这些步骤的顺序很重要,但儿童抵达特定里程碑的年龄并不重要)。在5岁左右,这些分支会汇聚起来,使儿童进入新的智力世界。到了6岁时,大多数儿童可以知道什么是思想,而且理解拥有思想的含义。

此时,他们可以将思想看作精神对象,看作可以衡量、评论、修改和使用的事物。他们可以将探寻和发明能力运用到他们感兴趣的智力问题中。不过,虽然几乎所有儿童都"能够"追求思想,但这并不意味着他们真正在这样做。一个儿童能否在思考思想和提出新思想上越做越好取决于周围的成年人。父母很重要,老师也很重要。

大多数小学使用的成绩报告单和叙述式报告包含一些标准用语:理解数字问题、会做加减法、会检查、会在阅读理解中使用证据、遵循写作规则、遵循指导。不过,说教育工作者只观察这些狭隘的学术成绩,是不公平的,具有误导性。他们也会考虑其他问题。

例如,过去 15 年左右,学校更加明确地帮助孩子学习相处、分享、互相帮助和与人为善。通常,这被称为品格教育、社会学习或情绪学习。这些特征通常被捆绑在一起,被称为"软技能",以显示它们与数学和阅读等"硬性"学术能力的区别。有时,人们将软技能与最近受到关注的另一组行为(自我控制、专注和听从指导的能力)联系在一起,后者又叫执行能力。最近一批重要研究显示,无法做到摆脱干扰、专注于任务或者延迟回报的孩子更容易在学校遇到困难。日常经验也支持这些科学研究结论。全美国的教师都会告诉你,越来越多的学生似乎正在失去控制,许多教师觉得几乎没有时间推进学业内容,因为他们需要花费许多时间维持学生的各种纪律。至少部分研究表明,这些能力可以在学校培养。

第四章 思想工坊

总之，教育系统投入了大量资源和精力，以帮助孩子获取特定学术能力、学习基础知识、管理自己的行为。不过，你很少看到强调构建思想的学校级课程或教育目标清单。想象一下：提出更复杂的问题、推测、专注于复杂问题并寻找答案、表述重要问题并花时间解决问题、能够从多角度看待某一思想、知道某种思想何时需要修改并且知道怎样修改，我们可不可以根据这些新标准评价学生的进步呢？

怀疑者可能会说，更好地拥有思想不需要特别的教育——不管我们是否支持这一过程，孩子都会获得这种能力。这似乎是社会的普遍观念。不过，现有证据指向了相反的结论。即使在4岁时，不同孩子在谈论抽象概念的频率、对神秘现象做出因果解释的能力和在成年人邀请下讨论抽象复杂话题的机会上也存在明显差异。[1] 孩子这些早期思想体验差异与他们后来的各种学术成绩存在紧密联系。[2] 在学校学习最为轻松的孩子也是小时候听到更多词语、进行更多对话、更多谈论非实用性事物的孩子。在高中能力测试中得分较高的孩子也是阅读更多书籍、词汇量更丰富的孩子。[3] 至少，我们现在知道，儿童早期的智力经历与青少年时期的学业成就之间存在紧密联系。

事情还不止于此。上述研究共同表明，如果孩子小时候参与符号世界——即表述思想的词语和数字的世界，他们长大后就会更愿意并且更有能力投入到这个世界中。最近的研究显示，小孩子可以知道不同类型的现象需要不同类型的解释。小时候对因果解释的接触对儿童的思考能力具有深远影响。换句话说，如果你想让一个人长大后轻松地生活在思想世界中，你就应该在他小时候邀请他进入这个世界。[4]

成年人和儿童怎样更加有意识地培养思考思想的习惯呢？首先，成年人应该明确强调孩子在一天中偶然冒出的思想。一个朋友的 4 岁女儿问道："爸爸，你死去时会发生什么？"还记得吗，第四章说过，面对这类问题，成年人往往会回答说"会去天堂""一切都会停止"或者"不要担心——这件事很久以后才会发生"。不过，我的朋友给出了完全不同的回答："许多人对此拥有不同想法。"

通过这个简短低调的回答，他做了更多家长应该经常去做的事情：他让女儿注意到，她在探索某种思想。他没有提供关于死亡的具体信息，而是强调说，人们会构建自己对死亡的理解。他的回答为女儿打开了窥探思想世界的大门。这种随意而用心的评论常常会引发更多对话，使孩子有意探索自己的思想，尝试充分思考某种思想所需要的技能和策略。

发展心理学家利兹·博纳维茨（Liz Bonawitz）描述了一个 4 岁的女孩子和她 6 岁的哥哥在一天早上的上学路上与母亲的对话。他们在谈论绿衣小精灵。

> 女孩：它们会搞破坏——比如弄得厕所里到处都是青苔。

第四章 思想工坊

男孩：我觉得它们是不存在的。

女孩：哦，是的——那么，厕所是怎么变绿的呢？

男孩：我想那是大人在厕所里刷的漆。

女孩：这不合理——为什么大人要搞破坏？

男孩：不知道。不过，我觉得绿衣小精灵是不存在的。我是说，我过去和你一样相信，但我现在不相信了。

母亲：你为什么会改变想法呢？

男孩：有两个原因。首先，因为没有人抓到过绿衣小精灵，我觉得这很可疑。其次，因为我只在小说里读到过绿衣小精灵。如果它们不会出现在非虚构类书籍中，那么他们很可能是不真实的。[5]

这段在上学路上偶然出现的对话的重要之处在于，在某个时候，所有3个参与者都对他们如何知道某件事情做出了评论。哥哥谈论了信息来源、第一手证据的重要性以及一个人的想法是如何变化的。母亲询问了他改变想法的原因。就连4岁孩子也反对了某种说法，因为它"不合理"。每个人都在主动思考某种思想（绿衣小精灵的存在），而且在对话中将其说了出来。将孩子看作对思想感兴趣、能够讨论思想的人对这个孩子未来的智力发展具有重要影响。

对小孩子来说，拥有思想所需要的各项元素是很自然的。不过，只有当成年人提供某些支持时，这些元素才会汇聚起来，使孩子更加有力、更有技巧地追求思想。下面是成年人每天在帮助孩子学习构建思想时可以做的事情。

1. **强调思想**。留意孩子看上去正在研究某种思想的时候。推测、计划和假设性的语言为孩子提供了亲自进行智力探索的强大工具，使他们知道构建思想是一种有价值的努力。你可以谈论思想是从哪里产生的，某种思想是怎样随时间变化的，人们是怎样确定某种思想的好坏的，以及思想对你有哪些影响。当我得意地提出"米色灯"时，母亲可以有许多回答方式：她可以不理我；她可以说"米色不可能是灯光的颜色"；她可以只说"很好"或"不错"；她可以只表现出热情。不过，她的说法为我打开了全新的世界。她说："真是个不错的想法！"

2. **留意孩子的发明过程**。询问他们是否已经提前知道他们想要做什么；询问他们想要解决什么问题；留意他们的发明需要多少次迭代；明确过程不会把事情毁掉。不过，你不需要把它转变成另一次授课，不是所有发明都需要评论。你还应该定期指出制造事物和构建思想之间的联系。孩子需要获得思考个人思想的框架。只有经常鼓励他们谈论构建事物和思想的过程，他们才能获得这种框架。

3. 每天花时间找出日常对话中的假设和推测。当你对某件事情的预测出错时,应该积极谈论这一点。鼓励孩子思考如何判断他们的推测是否正确。哪些证据可以证明对错?思考自己讨厌的思想或确信自己最终会抛弃这个思想非常重要。在告诉孩子对错之前,或者在告诉他们触及了危险话题之前,让他们更多地谈论自己的想法。将探索人们拥有某种想法的原因作为习惯。

一天,我认识多年的一年级老师伊夫琳突然给我发了一条短信。她的学生以赛亚在早会上突然说出了一个新发现:"聪明人比傻子活得长。"其他孩子冷冷地看着他。那一刻,伊夫琳无法判断他们是如何看待以赛亚的观点的——也许他们在思考谁是傻子。伊夫琳很困惑。以赛亚的说法很奇怪。

"这是什么意思,以赛亚?"到目前为止,伊夫琳表现得不错。她邀请以赛亚解释自己晦涩的观点。

"我的猫很傻,"他解释道,"它过马路时不看路,被汽车撞死了。"

伊夫琳觉得他的回答很可笑——这种逻辑存在缺陷。她带着嘲讽的语气和我分享了这个故事:"我可能需要向他解释达尔文的理论。"现在,轮到我困惑了。我问她想说什么。"以赛亚显然不知道,人们不会因为聪明而活得更长——决定寿命的是身体健康之类的事情。"

不过,真正需要纠正的是伊夫琳。以赛亚即将做出有趣的推测:也许更高的智商在难以预测的环境中有利。如果伊夫琳鼓励他发展自己的思想，而不是认为它古怪可笑，两个人对演化的理解很可能会得到加深。这种转瞬即逝的时刻是成年人帮助孩子发展初始思想的绝佳时机。伊夫琳没有理会以赛亚的评论，因为她担心这种说法会对其他孩子造成某种伤害，而且认为它的方向是错误的。她本可以帮助以赛亚发现隐藏在这种说法背后的假设。她可以提示他们发现这种假设，对其进行深入探索。她可以邀请其他孩子帮助以赛亚想出检验其假设的证据。儿童喜欢钻研智力问题。不过，他们需要引导，以提高这方面的能力，而且需要有机会参与这种研究。

著名教育学者德博拉·鲍尔（Deborah Ball）年轻时是小学老师。在她的一段很有启发性的教学视频中，我们可以看到她在和班上的四年级学生对话。屏幕下方的标题解释说，她刚刚向学生教授了奇数和偶数的概念。不过，在这段视频开头，她在谈论其他话题。她让学生对前一天的全校大会发表评论。一个小男孩举手说："我不想谈论昨天的大会，我在思考数字6——因为我在想，它也可以是奇数……"他看上去有点儿紧张，似乎沉浸在内心想法中，但他解释了自己的想法。优秀教师鲍尔对其进行引导，让他对全班同学做出充分的解释。他说，他觉得6既是奇数又是偶数，因为它包含两个3，而3是奇数。鲍尔可以纠正他，但她没有。相反，她邀请其他人做出回应。接下来的事情很值得注意。

孩子们花了超过7分钟的时间共同思考他的说法。几个孩子推测了这位同学认为 6 既是奇数又是偶数的原因。几个孩子站起来，用不同程度的数学能力指出这是不可能的。一个小女孩站起来，抓起木棍，走到画有数轴的黑板前。她从 2 开始，依次敲击数轴上的偶数，指出其中包括 6，因此将 6 排除在奇数之外。

最后，一个留着长长的黑发、比其他同学矮、看上去很娇小的女孩高高举起手，说道："我想，我知道为什么他会有这种想法。"她指出，6 由 3 个 2 组成，他可能觉得 6 包含 3 个小组，而 3 是奇数，因此 6 也是奇数。女孩继续说道："但这是错的。6 不能既是奇数又是偶数。"在视频中，你可以看到，当她试着表述头脑中冒出的想法时，她变得越来越有精神，甚至有些激动。她请求走到黑板前，和男孩站在一起。男孩刚才用黑板向班上的怀疑者解释了他的想法，此时正垂头丧气地靠着粉笔槽。随着其他人的加入，他看上去很有兴趣，对他的想法越来越不确定。

小女孩停了停，整理思路后说道："嗯，让我想想。如果你认为 6 是奇数，那么其他数字也可以是奇数。"她迟疑了一下，显然是想说出另一个也包含奇数个小组的数字。不到 8 秒，她想到了一个例子。"以 10 为例，"她说，并在黑板上并排画了 10 个圆圈，"你可以说，它有 5 个 2。为什么你不能由于同样的理由认为 10 是奇数呢？如果这样，那么所有偶数很快都会变成奇数，偶数和奇数之间的区别就会消失，这种讨论也就失去意义了！"她以得意而又有点儿激动的语气结束了这段论述。[6]

一些孩子看上去比其他孩子更加专注，但所有人都在饶有兴

/// 看见思维的成长

致地倾听。任何班主任都会告诉你，一群 9 岁孩子对一个数字的身份进行连续 7 分钟的专注对话是很不寻常的。鲍尔的学生对数字性质进行了这种长时间的认真探索，这并非偶然。她可能进行了几个月的努力，以便让孩子们认真对待自己和他人的思想。她会布置吸引他们注意力的问题。她对数字主题拥有足够的理解，可以突出强调他们最重要或者最有问题的想法，自如地引导他们，使他们变得对事物的认识更加清晰、更有逻辑性，能做出更多解释。她创造了一种思想上的文化。这是她在美国中西部公立学校班级面对具有多样性的 9 岁儿童时做到的事情。

你应该让你认识的孩子养成提出下列问题的习惯：为什么这是真的？如果我错了怎么办？如果……会发生什么？当你说出对事情的思考并且存在疑问时，邀请他们和你一起思考。你可以说"我需要对其进行更多思考"，或者像记者埃兹拉·克莱因（Ezra Klein）常说的那样，决定考虑"不是自己的视角"。

4. 鼓励孩子和他人共同构建思想。灌输反馈的概念。威廉·佩内·杜波依斯（William Pène du Bois）在精彩童书《狮子》（*Lion*）中讲述了 114 个艺术家在巨大的云工作室里为地球设计动物的故事。一天，管事的艺术家福尔曼决定发明一种新动物。他已经想好了这种动物的名字，叫"狮子"。初稿完成后，他带着画作去找另一个正在绘图桌前工作的艺术家。

"请用一个词语告诉我，狮子有什么问题。"他说。

那个艺术家看了看福尔曼绘制的动物,回答道:"大小。"

福尔曼意识到,他的狮子太小了,与他头脑中的伟大生物形象不符。他回到自己的绘图桌前,画了一只很大的狮子。接着,他把画作拿给另一个艺术家看:"请用一个词语告诉我,狮子有什么问题。"

那个艺术家说:"羽毛。"

福尔曼意识到,一种生物不能既有羽毛又有皮毛。于是,他把羽毛混在一起,使之变成了巨大蓬松的鬃毛。随着更多艺术家的反馈,狮子五颜六色的外表变成了柔和的棕色,瘦弱的腿变得更长、更强壮了。最后,它的叫声从"吱吱"变成了"噢"。这是一本精美的书,也是关于获得他人意见以改进思想的精彩寓言。[7]

城市邻居学校(City Neighbors School)是一个公立学校网络,位于巴尔的摩最贫困的地区之一。在前往这些学校的路上,你需要经过荒凉的街区、破旧的建筑和空置房屋。当我到访时,学校周围的街道看上去荒凉得可怕。街上空无一人,而且很不友好。不过,当我走进中小学教学楼时,我进入了不同的世界。老师等成年人在交谈,工作,闲逛。你可以感受到多年龄段学习群体的氛围。在我参观的几乎所有教室里,从幼儿园到三年级再到高中,都可以看到人们探索有趣问题的迹象——孩子们显然觉得这些问题非常迫切,不容易回答。

在三年级教室,学生有两份清单,一份是有生命的事物,另一份是没有生命的事物。他们在另一张大纸上写下了确定哪些事物有生命、哪些事物没有生命的方法。虽然我参观的时间很短，但我还是听到一些学生小组在讨论什么是"有生命"。年纪大一些的学生将这种思考向前推进了一步。

在八年级课堂上，学生们试图对一个问题达成共识：冲突是好是坏？他们花了3个多月探索各种答案，并为他们的答案寻找理由。寻找事实以丰富和支持各种观点是他们的一项重要工作内容。他们相互辩论。一些人改变了观点。

最后，在九年级教室，学生和老师用一个学期的时间研究另一个问题：美国的生活是否正在变好？你很容易想象一群具有多样性的青少年真正沉下心来思考这种问题的情景。你同样可以想象老师如何用这种与他们密切相关的启发性问题锻炼学生的学术思维能力。

5. 让孩子构建自己的问题。学生每天都需要解决问题。不过，大多数时候，问题是由成年人（教师或教科书作者）提出的。人们认为，孩子急于"做对"的心态会促使他们进行良好的思考。有时，这是事实。不过，如果仔细观察创新的发展，你会发现，当孩子自己提出问题时，当他们真正关心问题时，当他们觉得这是他们的问题时，他们可以进行更好的思考。

凯瑟琳·斯诺想知道中学生如何学习提高写作能力，参与更具学术性的交流。她提出，这种交流需要5个条件：采取某种视角、为自己的观点提供依据、预测别人的反驳、持有认识定位、使用权威语气传达这些观点。斯诺及其同事让一些六年级班级研究各种有趣话题,为撰写短文做准备。同时,他们让另一组六年级班级对他们关心的话题进行辩论:是否应该允许自助食堂提供垃圾食品、上学日的长短、义务兵役制是否合理。第二组学生对话题拥有强烈感受,投入到了这项任务的学术挑战之中,很想赢得辩论。在这个过程中,他们的词汇量得到了扩充,写作能力得到了提高,论述能力远远超过了以常规方式学习的孩子。[8]

16岁的格蕾塔·桑伯格(Greta Thunberg)已经逃课30多次了。她喜欢站在斯德哥尔摩(Stockholm)的市中心,手举要求政府采取行动阻止气候变化的标语。几年前,她看上去可能没有那么独特。她在学校表现良好,备受抑郁困扰,喜欢看电视。不过,《纽约时报》的一份简介指出,她很有思想:

> 和许多儿童类似,她观看关于融化中的北冰洋、关于北极熊和腹中塞满塑料的海洋哺乳动物的命运的教育电影。不过,和其他孩子不同的是,她放不下这些事。"我深受触动。我开始不断思考这件事,变得很难过,"她说,"那些图片一直萦绕在我的脑海里。"

和其他许多孩子不同,她成了很有眼光和效率的社会活动家。她的独自反抗姿态很快引起了许多国家的注意。当英国首相特蕾莎·梅（Theresa May）批评英国中小学生效仿类似的抗议，说孩子们在浪费宝贵的"课堂时间"时，格蕾塔用推特对此做出了回应："但是，无所作为的政治领导人浪费了30年时间。他们还不如学生呢。"在《纽约时报》的简介中，她说，社会活动帮助她战胜了抑郁："我现在更加快乐了……我有意义了。我有一些必须要做的事情。"⁹

对于学生来说，要追求思想——更重要的是要让他们擅长这一点，即学会用证据支持自己的思想，以巧妙的方式修改自己的思想，考虑某种思想的弱点并思考它的局限性，想象它的应用和意义，将其与其他思想联系起来——他们需要有机会研究有意义的思想。要想让孩子通过解决问题取得有意义的收获，这个问题必须是他们自己提出的问题。一定要至少花一点儿时间为孩子提供机会，让他们解释他们眼中的神秘现象，解决他们感觉迫切需要解决的问题。

当然，格蕾塔的志向非常崇高。大多数时候，孩子希望解决更加直接、没有太大影响的问题。我的侄子查利8岁左右时，我带他去海滩。当我展开毛巾，躺在太阳下时，查利开始扫视海岸线。不到60秒，他发现了一样东西，然后冲了过去。距离我们大约60米的地方躺着一根巨大的圆木，长约1.5米，直径约0.3米。我用眼角的余光看着查利将圆木滚向我这里。来到目标地点后，他开始挖土。他挖了接近40分钟。接着，他让弟弟过来帮他把圆木一端推到洞边。之后，他们努力把圆木竖起来，插进洞里。接着,他们开始努力在根部周围填土,使圆木立稳。最后,在查利工作了近一个小时后,他的目标变得清晰起来。他和弟弟轮流交叉手臂,作为梯凳,让对方爬上圆木顶部。之后,他们飞身一跃,落在攀爬架周围柔软潮湿的沙土上。他们一直玩到晚上。在某个时候,查利抓起我的手,把我拉过去,让我看他搭建的游乐设施。搭建工作和跳跃使他有点儿气喘,但他很得意:"看看我做了什么?看看我做了什么?我看到圆木,有了一个想法,并且把它实现了。"孩子们的解决方案和解释需要拥有目的感和用途。

6. 为思想提供足够的时间。我之所以想要研究儿童是如何学习构建思想的,是因为我发现,儿童经常提出一系列问题,以探索更大的主题。这些问题常常散布在很长的时间段里。如果我只捕捉孩子生活中的某一时刻,我就不会注意到这些主题。类似地,儿童的发明常常具有迭代性。一个新堡垒或新故事不是在一次游戏中凭空出现的。有时,孩子会讲述关于某一主题的20个故事。当他们反复讲述故事时,故事的基本内容会发生变化。他们设计的捕捉工具、模型和机器人的物理结构也是如此。实际上,在这方面,小孩子与通过发明影响人类生活的成年人没有太大区别。大多数优秀思想的种子通常存在于各种先验经历和一定程度的专业知识之中。而且,思想的种子仅仅是开始而已。大多数重要发明是长期修改、试错和纠正过程的最终结果。儿童需要用时间来发展自己的思想。

聘请艾丽斯的学校坚持说，她每个星期只能有一天和孩子们在一起。接着，他们又说，她只能在星期五下午课程结束后全职教员举行每周例会的时候和学生们做项目。他们让学生一组一组地去找她，每组一个小时。另一些老师觉得所有孩子都应该试一试，让他们以小组的形式去找她缺乏效率。这些限制令她担忧。他们似乎把这个项目当成了追加活动——学生结束"常规任务"后参与的活动。她很担忧。对此，我很愤怒。我经常在学校里看到这种现象。不太重要的任务占据了大量时间，而更重要的工作却被放到了次要位置。

第一个星期五，艾丽斯带着一大堆易拉罐拉环来到了学校。孩子们带着警惕和专注的表情走进教室。"嗨，我叫艾丽斯，"她说道，"我是艺术家。未来一年，我每个星期五都会过来，开展一个项目。我们将使用这些易拉罐拉环。这个项目将会帮助我们认识百万、千米和时间——我们将要制造一段连续的线条。"

这一天，孩子们给艾丽斯制造了许多麻烦。他们抛掷易拉罐拉环，抽打已经连好的链条，发出吵闹的声音。少数人躺在成堆的易拉罐拉环上，一个人甚至踩在上面，而且不听劝阻。艾丽斯沮丧地给我打电话。她觉得每组学生人数太多了，无法对拉环、他们正在制作的东西以及他们的想法进行真正的对话——最后一点最为重要。她说，许多孩子似乎想要通过连接最多的易拉罐拉环"获胜"，还有些专注于寻找"特殊"的拉环——不管这意味

第四章 思想工坊

着什么。她觉得他们渴望变化。不过，她注意到，少数人与众不同。他们似乎并不想战胜别人，他们最终制作出了最长的链条。他们似乎比其他孩子更加专注于眼前的工作。

艾丽斯记录了孩子们工作时提出的问题。我们事后进行了回顾。我们发现，他们在不断讨论4个主题：怎样把所有链条连在一起？材料会不会不够用？为什么她会选择易拉罐拉环？无穷看上去是什么样的？不过，事情并没有像她预料的那样展开。她不确定这项工作能否转变成对孩子有意义的事情。"我不知道这条路能不能走得通。"她说。我不知道她是担心他们无法制作出美丽的作品，还是担心他们无法从中受益。不过，她坚持了下来，孩子们也坚持每个星期五前来做项目。每个星期，真正投入到工作中的学生都会有所增加。核心建造小组在不断壮大。他们的对话在持续。到了4月，艾丽斯决定将这个项目命名为"宙"。

我们上次讨论这个项目时，艾丽斯说道："我想，在早春的某个时候，他们开始上道了。他们变得非常优秀。我前一段时间告诉他们：'我们在这里只能待一个小时，每个人都可以在一个小时里将一年串起来。一年看上去是这样的。'"她拿起串有365个拉环的链条——这是一条串有大量金属盘的项链，其边缘呈不均匀的起伏状，沉重而美丽。"有时，他们花费超过一个小时的时间，只为串起另一年，"艾丽斯说，"有时，他们讨论是否串起了6个月或2年。有时，9个月的链条会掉下来——他们会对重力加深印象。他们把链条丢来丢去，一些拉环会掉下来。此时，

/// 看见思维的成长

他们只剩下了 28 天。接着，他们需要串起更多拉环。他们很喜欢把一年的链条戴在脖子上。"

5 月末，当地美术馆展出了组成"宙"的全部 7 件作品。其中一件像巨大的机灵鬼螺旋弹簧玩具，在整间美术馆的地板上缓慢前进。另一件作品像巨大的工业管道，从地板一直延伸到天花板，直径超过 0.3 米。它的部分圆环上挂着霓虹黄和红色标签，指示了拉环各种长度代表的人类年龄。还有一件作品像巨大的花环，绕着圈在地板上穿过，从侧面爬上一些木柱，最后一路从美术馆的一扇窗户伸到外面。

为了制作这些雕塑，许多孩子在 8 个月里工作了很长时间。他们搭建的结构将时间转变成了可以触摸、参观和欣赏的事物。作品本身有力、大胆而复杂。它很壮观。这项工作在儿童心中激发的思想更加值得注意，但却不太容易看到。在 8 个月时间里，他们谈论了时间和空间的性质、用三维空间体现某种思想的挑战、不同度量之间的关系（比如易拉罐拉环和年份）以及如何思考无穷。有时，他们的讨论是持续和连贯的；其他时候，他们的思想表现为评论和时刻的集合，只有专注的观察者才会发现它们的重要性。如果项目局限在几个星期里，或者不是由强烈关注儿童和思想本身的成年人来引导，孩子们根本不会进行这些思考。如果艾丽斯可以每周几天在授课日以小组的形式培养孩子，效果会好得多。好的思想需要时间。

第四章 思想工坊

我们现在知道，小孩子是热情的思想家。他们可以发现生活中的谜团，并且急于解开谜团。不过，这只是开始。他们长大后能否过上探寻、发明和思考的生活完全取决于成年人的陪伴。成年人可以点燃他们的智力之火。

注 释

序 言

1. J. Seabrook, "The Flash of Genius," *New Yorker*, January 11, 1993.

2. L. Peake, "The Great Pacific Cleanup," Resource 78 (Autumn 2014). Also see C. Kormann, "A Grand Plan to Clean the Great Pacific Garbage Patch," *New Yorker*, February 4, 2019; and B. Slat, "How the Oceans Can Clean Themselves," TEDx Delft, October 5, 2012, https://www.tedxdelft.nl/2012/08/performer-boyan-how-the-oceans-can-clean-themselves/.

3. R. Dawkins, *The Selfish Gene* (Oxford, UK: Oxford University Press, 1976).

4. D. Kahneman, *Thinking Fast and Slow* (New York: Farrar, Straus and Giroux, 2011).

5. L. Festinger, H. Riecken, and S, Schachter, *When Prophecy Fails:*

A Social and Psychological Study of a Modern Group that Predicted the Destruction of the World (New York: Harper & Row, 1964).

6. C. M. Steel and J. Aronson, "Stereotype Threat and the Intellectual Test Performance of African Americans," *Journal of Personality and Social Psychology* 69, no. 5 (1995): 797–811.

7. S. Metcalf, "Neoliberalism: The Idea that Swallowed the World," *Guardian*, August 18, 2017, https://www.theguardian.com/news/2017/aug/18/neoliberalism-the-idea-that-changed-the-world.

8. For two examples of such work, see B. B. Henderson, "Parents and Exploration: The Effect of Context on Individual Differences," in *Exploratory Behavior. Children Development*, 55, no. 4 (1984): 1237–1245; and G. Lowenstein, "The Psychology of Curiosity: A Review and Reinterpretation, *Psychological Bulletin* 116, no. 1 (1994): 75–98.

第一章

引语：Four-year-old child in CHILDES TalkBank database. Access the database at https://childes.talkbank.org/.

1. J. Kagan, *Surprise, Uncertainty, and Mental Structures* (Cambridge, MA: Harvard University Press, 2002).

2. K. Nelson. *Young Minds in Social Worlds: Experience, Meaning,*

and Memory (Cambridge, MA: Harvard University Press, 2007).

3. K. Nelson, Event Knowledge: Structure and Function in Development (Hillsdale, NJ: Erlbaum, 1986); S. Engel, *The Hungry Mind: The Origins of Curiosity in Childhood* (Cambridge, MA: Harvard University Press, 2016).

4. G. S. Hall, *The Contents of Children's Minds on Entering School* (New York: E. L. Kellogg, 1893).

5. D. E. Berlyne, *Conflict, Arousal, and Curiosity* (New York: McGraw-Hill, 1960); D. E. Berlyne, "Curiosity and Exploration," *Science* 153, no. 3731 (1966): 25–33.

6. C. K. Hsee and B. Ruan, "The Pandora Effect: The Power and Peril of Curiosity," *Psychological Science* 27, no. 5 (2016): 659–666.

7. L. E. Schulz and E. B. Bonawitz, "Serious Fun: Preschoolers Engage in More Exploratory Play When Evidence Is Confounded," *Developmental Psychology* 43, no. 4 (2007): 1045–1050.

8. C. Cook, N. D. Goodman, and L. E. Schulz, "Where Science Starts: Spontaneous Experiments in Preschoolers' Exploratory Play," *Cognition* 120, no. 3 (2011): 341–349.

9. R. W. Magid, M. Sheskin, and L. E. Shulz, "Imagination and the Generation of New Ideas," *Cognitive Development* 34 (2015): 99–110.

10. D. Kelemen, M. A. Callanan, K. Casler, and D. R. Pérez-Granados, "Why Things Happen: Teleological Explanation in Parent-Child

Conversations," *Developmental Psychology* 41, no. 1 (2005): 251–264.

11. S. M. Baker and J. W. Gentry, "Kids as Collectors: A Phenomenological Study of First and Fifth Graders," *Advances in Consumer Research* 23 (1996): 132–137.

12. M. M. Chouinard, P. L. Harris, and M. P. Maratsos, "Children's Questions: A Mechanism for Cognitive Development," *Monographs of the Society for Research in Child Development* 72, no. 1 (2007): i–129.

13. M. Gauvain, R. L. Munroe, and H. Beebe, "Children's Questions in Cross-Cultural Perspective: A Four-Culture Study," *Journal of Cross-Cultural Psychology* 44, no. 7 (2013): 1148–1165.

14. Gauvain, Munroe, and Beebe, "Children's Questions in Cross-Cultural Perspective," 1160, quoting B. MacWhinney and C. Snow, "The Child Language Data Exchange System," *Journal of Child Language* 12, no. 2 (1985): 271–295.

15. M. L. Rowe, K. A. Leech, and N. Cabrera, "Going beyond Input Quantity: *Wh*-Questions Matter for Toddlers' Language and Cognitive Development," *Cognitive Science* 41 (2017): 162–179.

16. P. L. Harris, *Trusting What You're Told: How Children Learn from Others* (Cambridge, MA: Harvard University Press, 2012). Also see P. L. Harris and M. A. Koenig. "Trust in Testimony: How Children Learn about Science and Religion," *Child Development* 77, no. 3 (2006): 505–524.

17. G. Wells, *The Meaning Makers: Children Learning Language and Using Language to Learn* (Portsmouth, NH: Heinemann Educational, 1986).
18. B. Hart and T. R. Risley, *Meaningful Differences in the Everyday Experience of Young American Children* (Baltimore, MD: Paul H. Brookes, 1995).
19. P. L. Harris, *Trusting what you're told: How children learn from others*. (Cambridge, MA: Harvard University Press, 2012). Also see P. L. Harris and M. A. Koenig. "Trust in Testimony: How Children Learn about Science and Religion," *Child Development* 77, no. 3 (2006): 505–524; and J. D. Lane and P. L. Harris, "Confronting, Representing, and Believing Counterintuitive Concepts: Navigating the Natural and the Supernatural," *Perspectives on Psychological Science* 9 no. 2 (2014): 144–160.
20. S. Carey, *The Origin of Concepts* (New York: Oxford University Press, 2009).
21. Chouinard, Harris, and Maratsos, *Children's Questions*.
22. T. H. Beery and K. S Lekies. "Childhood Collecting in Nature: Quality Experience in Important Places," in *Children's Geographies: Special Viewpoint Collection: Youth-full Geographies* 17, no. 1 (2019): 118–131.
23. Chouinard, Harris, and Maratsos, *Children's Questions*, 50, fig. 20.
24. Chouinard, Harris, and Maratsos, *Children's Questions*.

25. M. T. Chi, R. Glaser, and M. J. Farr, *The Nature of Expertise* (New York: Psychology Press, 2014).

26. J. Piaget, *The Child's Conception of the World*, trans. J. Tomlinson and A. Tomlinson (London: Kegan Paul, Trench, Trubner, 1929).

27. For an excellent set of papers describing first approaches to using computers to model the developing mind, see R. Siegler, ed., *Children's Thinking: What Develops?* (New York: Psychology Press, 1981).

28. M. T. Chi, J. E. Hutchinson, and A. F. Robin, "How Inferences about Novel Domain-Related Concepts Can Be Constrained by Structured Knowledge," *Merrill-Palmer Quarterly (1982–)*, 27–62. For an example of the psychologists arguing at the time that expertise in a domain is related to a child's "level of development," see D. Klahr, "Information Processing Approaches to Cognitive Development," in R. Vasta, ed., *Annals of Child Development* (Greenwich, CT: JAI Press, 1989), 131–185. Republished in R. Vasta, R., ed., *Six Theories of Child Development* (London: Jessica Kingsley Publishers, 1992).

29. C. Gobbo and M. Chi, "How Knowledge Is Structured and Used by Expert and Novice Children," *Cognitive Development* 1, no. 3 (1986): 221–237.

30. Gobbo and Chi, "How Knowledge Is Structured," 225.

31. Gobbo and Chi, "How Knowledge Is Structured," 228.

32. A. L. Brown, "Transforming Schools into Communities of Think-

ing and Learning about Serious Matters," *American Psychologist* 52, no. 4 (1997): 399–413.

33. A. Newman, "William Reese, Leading Seller of Rare Books, Is Dead at 62," obituary, *New York Times*, June 15, 2018.

34. F. Spufford, *The Child That Books Built: A Life in Reading* (New York: Henry Holt / Metropolitan, 2002), quote page 81.

35. R. Mead, *My Life in Middlemarch* (New York: Broadway Books, 2014).

36. CHILDES TalkBank, https://childes.talkbank.org/; B. MacWhinney, *The CHILDES Project: Tools for Analyzing Talk, vol. 2: The Database*, 3rd ed. (New York: Psychology Press, 2014); B. MacWhinney and C. Snow, "The Child Language Data Exchange System," *Journal of Child Language* 12, no. 2 (1985): 271–295.

37. Research conducted with students was in the context of the Inquiry, Invention, and Ideas advanced psychology seminar at Williams College, 2018.

38. P. L. Harris, "Children's Understanding of Death: From Biology to Religion," *Philosophical Transactions of the Royal Society B: Biological Sciences* 373, no. 1754 (2018): 20170266.

39. Access the database at https://childes.talkbank.org/access/Eng-NA/Braunwald.html.

40. P. L. Harris, *The Work of the Imagination* (Oxford, UK: Blackwell, 2000), 168. Chouinard, Harris, and Maratsos, "Children's Questions," 5.

41. S. Isaacs, *Intellectual Growth in Young Children* (London: Routledge and Kegan Paul, 1931); S. Isaacs, *Social Development in Young Children* (London: Routledge, 1933).

42. Isaacs, *Social Development*, quotes on 190, 191, 193.

43. J. Colantonio and E. Bonawitz, "Awesome Play: Awe Increases Preschooler's Exploration and Discovery," OSF Preprints. May 16. doi:10.31219/ osf.io/pjhrq.

44. J. McPhetres, "Oh, The Things You Don't Know: Awe Promotes Awareness of Knowledge Gaps and Science Interest," *Cognition and Emotion* 33, no. 8 (2019): 1599–1615.

45. Chouinard, "Children's Questions"; P. L. Harris, *Trusting What You're Told: How Children Learn from Others* (Cambridge, MA: Harvard University Press, 2012); P. L. Harris, D. T. Bartz, and M. L. Rowe, "Young Children Communicate Their Ignorance and Ask Questions," *Proceedings of the National Academy of Sciences of the United States of America* 114, no. 30 (2017): 7884–7891; K. H. Corriveau and K. Kurkul, "Why Does Rain Fall?": Children Prefer to Learn from an Informant Who Uses Noncircular Explanations, *Child Development* 85 (2014): 1827–1835; K. E. Kurkul and K. H. Corriveau, "Question, Explanation, Follow-Up: A Mechanism for Learning from Others?" *Child Development* 89, no. 1 (2018): 280–294.

46. J. I. Rotgans and H. G. Schmidt, "The Relation between Individual Interest and Knowledge Acquisition," *British Educational*

Research Journal 43, no. 2 (2017): 350–371.

第二章

引语: B. Rose, "One of the Most Vital, Radical, and Optimistic Artists in the Past Century, Claes Oldenburg," *Interview* 45, no. 10 (Dec. 2015 / Jan 2016): 150–167, 154.

1. R. Bolton, "Place Prosperity vs. People Prosperity Revisited: An Old Issue with a New Angle," *Urban Studies* 29, no. 2 (1992): 185–203, quote on 194.

2. L. S. Vygotsky, *Thought and Language* (Cambridge, MA: MIT Press, 1962); S. Engel, *The Stories Children Tell: Making Sense of the Narratives of Childhood* (New York: W. H. Freeman, 1995).

3. M. Root-Bernstein, *Inventing Imaginary Worlds* (New York: Rowman and Littlefield, 2014).

4. S. R. Beck, I. A. Apperly, J. Chappell, C. Guthrie, and N. Cutting, "Making Tools Isn't Child's Play," *Cognition* 119, no. 2 (2011): 301–306.

5. N. Cutting, I. A. Apperly, and S. R. Beck, "Why Do Children Lack the Flexibility to Innovate Tools?" *Journal of Experimental Child Psychology* 109, no. 4 (2011): 497–511.

6. "Overlooked No More: Bette Nesmith Graham, Who Invented Liquid Paper," obituary, *New York Times*, July 11, 2018.

7. D. Faulkner, "Does a Lack of Knowledge Prevent Young Children

From Inventing When They Otherwise Could?," Williams College Honors Thesis, 2019.

8. K. Neldner, J. Redshaw, S. Murphy, K. Tomaselli, J. Davis, B. Dixson, and M. Nielsen, "Creation across Culture: Children's Tool Innovation Is Influenced by Cultural and Developmental Factors," *Developmental Psychology* 55, no. 4 (2019): 877–889.

9. L. S. Vygotsky, *Thought and Language*.

10. A. Bell, R. Chetty, X. Jaravel, N. Petkova, and J. van Reenen, "Who Becomes an Inventor in America? The Importance of Exposure to Innovation," *Quarterly Journal of Economics* 134, no. 2 (2018): 647–713.

11. W. Sandford, "Does Language Help Children Invent?," Unpublished Honors Thesis, Williams College, 2020.

12. A similar finding was reported by Elizabeth Bonawitz and her colleagues. Children in their study engaged less in creative exploration of materials if they had been provided with instruction on a use of those things. E. Bonawitz, P. Shafto, H. Gweon, N. D. Goodman, E. Spelke, and L. Schulz, "The Double-Edged Sword of Pedagogy: Instruction Limits Spontaneous Exploration and Discovery," *Cognition* 120, no. 3 (2011): 322–330.

13. A. Meltzof, "Understanding the Intentions of Others: Reenactments of Intended Acts by 18-Month-Old Children," *Developmental Psychology* 31, no. 5 (1995): 838–850.

14. A. N. Meltzof and R. Brooks, "'Like Me' as a Building Block

for Understanding Other Minds: Bodily Acts, Attention, and Intention," in B. F. Malle, L. J. Moses, and D. A. Baldwin (eds.), *Intentions and Intentionality: Foundations of Social Cognition* (Cambridge, MA: MIT Press, 2001): 171–191.

15. M. A. Defeyter and T. P. German, "Acquiring an Understanding of Design: Evidence from Children's Insight Problem Solving," *Cognition* 89, no. 2 (2003): 133–155. Also see K. Duncker and L. S. Lees, "On Problem-Solving," *Psychological Monographs* 58, no. 5 (1945), *i*.

16. The "Alternative Uses Test" was developed by Joy Paul Guilford in the 1960s to measure what he termed "spontaneous flexibility" and is now widely called divergent thinking. J. P. Guilford, "The Structure of Intellect," Psychological Bulletin 53, no. 4 (1956): 267–293.

17. A. Gopnik, S. O'Grady, C. G. Lucas, T. L. Griffiths, A. Wente, S. Bridgers, R. Aboody, H. Fung, and R. E. Dahl, "Changes in Cognitive Flexibility and Hypothesis Search across Human Life History from Childhood to Adolescence to Adulthood," *Proceedings of the National Academy of Sciences* 114, no. 30 (2017): 7892–7899.

18. A. Gopnik and D. M. Sobel, "Detecting Blickets: How Young Children Use Information about Novel Causal Powers in Categorization and Induction," *Child Development* 71, no. 5, 1205–1222. Also see David Dobbs, "Playing for All Kinds of Possibilities,"

New York Times, April 23, 2013.

19. C. G. Lucas, S. Bridgers, T. L. Griffiths, and A. Gopnik, "When Children Are Better (Or at Least More Open-Minded) Learners Than Adults: Developmental Differences in Learning the Forms of Causal Relationships," *Cognition* 131, no. 2 (2015): 284–299.

20. A. Gopnik, T. L. Griffiths, and C. G. Lucas, "When Younger Learners Can Be Better (Or At Least More Open-Minded) than Older Ones," *Current Directions in Psychological Science* 24, no. 2 (2015): 87–92.

21. Lucas et al., "When Children Are Better."

22. Beck et al. "Making Tools Isn't Child's Play"; Cutting et al., "Why Do Children Lack the Flexibility."

23. V. Horner and A. Whiten, "Causal Knowledge and Imitation / Emulation Switching in Chimpanzees (Pan troglodytes) and Children (Homo sapiens)," *Animal Cognition* 8, no. 3 (2005): 164–181.

24. K. Carr, R. L. Kendal, and E. G. Flynn, "Imitate or Innovate? Children's Innovation Is Influenced by the Efficacy of Observed Behavior," *Cognition* 142 (2015): 322–332.

25. N. Ratner and J. Bruner, "Games, Social Exchange and the Acquisition of Language," *Journal of Child Language* 5, no. 3 (1978): 391–401.

26. F. Subiaul, E. Krajkowski, E. E. Price, and A. Etz, "Imitation by Combination: Preschool Age Children Evidence Summative Imitation in a Novel Problem-Solving Task," *Frontiers in Psychology*

6 (2015), article 1410.

27. M. Nielsen, "Imitation, Pretend Play, and Childhood: Essential Elements in the Evolution of Human Culture," *Journal of Comparative Psychology* 126, no. 2 (2012): 170–181.

28. C. Sunstein and R. Thaler, "The Two Friends Who Changed How We Think about How We Think," review of *The Undoing Project: A Friendship That Changed Our Minds*, by Michael Lewis, *New Yorker*, December 7, 2016.

29. M. Lewis, *The Undoing Project: A Friendship That Changed Our Minds* (New York: W. W. Norton, 2016), 132.

30. M. Eddy, "This 14-Year-Old Prodigy Does Not Want to Be Called 'a New Mozart,'" *New York Times*, June 14, 2019, A8.

第三章

引语: Ursula, quoted in S. Isaacs, *Intellectual Growth in Young Children: With an Appendix on Children's "Why" Questions by Nathan Isaacs* (New York: Harcourt, Brace, 1931; repr. London: Routledge, 2018), 365.

1. P. Gay, *Freud: A Life for Our Time* (New York: W. W. Norton, 1998).

2. Galen, *Works on Human Nature: Volume 1, Mixtures (De Temperamentis)*, trans. P. N. Singer and P. J. van der Eijk (Cambridge, UK: Cambridge University Press, 2018); Hippocrates, *Volume I:*

Ancient Medicine, trans. W. H. S. Jones, Loeb Classical Library 147 (Cambridge, MA: Harvard University Press, 1923).

3. A. Abu-Asab, H. Amri, and M. S. Micozzi, *Avicenna's Medicine: A New Translation of the 11th-Century Canon with Practical Applications for Integrative Health Care* (New York: Simon and Schuster, 2013).

4. H. von Helmholtz, *Helmholtz's Treatise on Physiological Optics Volume III*, ed. J. P. C. Southall (Menasha, WI: Optical Society of America, 1925), 1866.

5. A. Shtulman and J. Valcarcel, "Scientific Knowledge Suppresses But Does Not Supplant Earlier Intuitions," *Cognition* 124, no. 2 (2012): 209–215; K. E. Stanovich and R. F. West, "Reasoning Independently of Prior Belief and Individual Differences in Actively Open-Minded Thinking," *Journal of Educational Psychology* 89, no. 2 (1997): 342–357; J. W. Stigler, K. B. Givvin, and B. J. Thompson, "What Community College Developmental Mathematics Students Understand about Mathematics," *MathAMATYC Educator* 1, no. 3 (2010): 4–16; D. Kuhn, *Education for Thinking* (Cambridge MA: Harvard University Press, 2008).

6. J. W. Astington, P. L. Harris, and D. R. Olson, eds., *Developing Theories of Mind* (Cambridge, UK: Cambridge University Press, 1988).

7. I borrow the term from literary theory. See, for example, T. Todorov, *Mikhail Bakhtin: The Dialogical Principle*, trans. Wlad

Godzich (Manchester, UK: Manchester University Press, 1984).

8. Anna Deloi, "Storytellers and Philosophers: How Children Learn to Think about Ideas," Senior Honors Thesis, Williams College, 2018.

9. P. L. Harris, "Children's Understanding of Death: From Biology to Religion," *Philosophical Transactions of the Royal Society B: Biological Sciences* 373, no. 1754 (2018): 20170266.

10. M. Giménez and P. Harris, "Children's Acceptance of Conflicting Testimony: The Case of Death," *Journal of Cognition and Culture* 5, no. 1–2 (2005): 143–164.

11. W. Faulkner, *As I Lay Dying* (New York: Jonathan Cape and Harrison Smith, 1930).

12. P. Boero, N. Douek, and R. Garuti, "Children's Conceptions of Infinity of Numbers in a Fifth-Grade Classroom Discussion Context," paper presented at the 27th International Group for the Psychology of Mathematics Education Conference, Honolulu, July 2003, vol. 2, 121–128, https://files.eric.ed.gov/fulltext/ED500910.pdf, quotes 125.

13. I. Wistedt and M. Martinsson, "Orchestrating a Mathematical Theme: Eleven-Year-Olds Discuss the Problem of Infinity," *Learning and Instruction* 6, no. 2 (1996): 173–185, quote 179–180.

14. L. Kohlberg, *Essays on Moral Development*, vol. 1: *The Philosophy of Moral Development* (San Francisco: Harper and Row, 1981).

15. P. R. Blake and K. McAulife, "'I Had So Much It Didn't Seem

Fair': Eight-Year-Olds Reject Two Forms of Inequity," *Cognition* 120, no. 2 (2011): 215–224. P. R. Blake, K. McAulife, and F. Warneken, "The Developmental Origins of Fairness: The Knowledge–Behavior Gap," *Trends in Cognitive Sciences* 18, no. 11 (2014): 559–561.

16. C. E. Smith, P. R. Blake, and P. L. Harris, "I Should but I Won't: Why Young Children Endorse Norms of Fair Sharing but Do Not Follow Them," *PLoS One* 8, no. 3 (2013): e59510.

17. C. C. Helwig and U. Jasiobedzka, "The Relation between Law and Morality: Children's Reasoning about Socially Beneficial and Unjust Laws," *Child Development* 72, no. 5 (2001): 1382–1393.

18. M. Schäfer, D. B. Haun, and M. Tomasello, "Fair Is Not Fair Everywhere," *Psychological Science* 26, no. 8 (2015): 1252–1260.

19. W. Damon, *Moral Child: Nurturing Children's Natural Moral Growth* (New York: Simon and Schuster, 2008), quote from 42–44.

20. J. Piaget, *The Child's Conception of the World*, trans. J. Tomlinson and A. Tomlinson (London: Kegan Paul, Trench, Trubner, 1929).

21. Piaget, *The Child's Conception of the World*, 202.

22. L. P. Butler and E. M. Markman, "Finding the Cause: Verbal Framing Helps Children Extract Causal Evidence Embedded in a Complex Scene," *Journal of Cognition and Development* 13, no. 1 (2012): 38–66.

23. N. Pramling, "'The Clouds Are Alive Because They Fly in the Air

as If They Were Birds': A Re-Analysis of What Children Say and Mean in Clinical Interviews in the Work of Jean Piaget," *European Journal of Psychology of Education* 21, no. 4 (2006): 453–466.

24. G. B. Matthews, *Dialogues with Children* (Cambridge, MA: Harvard University Press, 1984).

25. K. Bartsch and H. M. Wellman, *Children Talk about the Mind* (New York: Oxford University Press, 1995), 40.

26. C. Baer and O. Friedman, "Fitting the Message to the Listener: Children Selectively Mention General and Specific Facts," *Child Development* 89, no. 2 (2018): 461–475.

27. I. Bascandziev and P. L. Harris, "The Role of Testimony in Young Children's Solution of a Gravity-Driven Invisible Displacement Task," *Cognitive Development* 25, no. 3 (2010): 233–246.

28. Deloi, "Storytellers and Philosophers."

29. C. A. Schult and H. M Wellman, "Explaining Human Movements and Actions: Children's Understanding of the Limits of Psychological Explanation," *Cognition* 62, no. 3 (1997), 291–324.

30. H. M. Wellman, A. K. Hickling, and C. A. Schult, "Young Children's Psychological, Physical, and Biological Explanations," in H. M. Wellman and K. Inagaki, eds., *The Emergence of Core Domains of Thought: New Directions for Child and Adolescent Development*, no. 75, New Directions for Child Development series (New York: Jossey-Bass, 1997): 7–25, quotes 21.

31. A. K. Hickling and H. M. Wellman, "The Emergence of Chil-

dren's Causal Explanations and Theories: Evidence from Everyday Conversation," *Developmental Psychology* 37, no. 5 (2001): 668–683.

32. A. G. Greenwald, "The Totalitarian Ego: Fabrication and Revision of Personal History," *American Psychologist* 35, no. 7 (1980): 603–618.

33. M. R. Banaji and A. G. Greenwald, *Blindspot: Hidden Biases of Good People* (New York: Random House Delacorte, 2013), 34–41.

34. A. G. Greenwald and M. R. Banaji, "The Implicit Revolution: Reconceiving the Relation between Conscious and Unconscious," *American Psychologist* 72, no. 9 (2017): 861–871.

35. M. J. Sandstrom and R. Jordan, "Defensive Self-Esteem and Aggression in Childhood," *Journal of Research in Personality* 42, no. 2 (2008): 506–514.

36. Mark Hensch, "Clinton: We Must Fight 'Implicit Bias,'" *The Hill*, September 26, 2016.

37. L. Wright, *Remembering Satan* (New York: Knopf, 1994); J. Sherman, B. Gawronski, and Y. Trope, *Dual-Process Theories of the Social Mind* (New York: Guilford Press, 2014).

第四章

引语：E. Duckworth, *The Having of Wonderful Ideas and Other Essays on Teaching and Learning* (New York: Teachers College Press, 2006).

1. B. Hart and T. R. Risley, *Meaningful Differences in the Everyday Experience of Young American Children* (Baltimore, MD: Paul H Brookes Publishing, 1995).
2. J. Brooks-Gunn, A. S. Fuligni, and L. Berlin. *Early Child Development in the 21st Century: Profiles of Current Research Initiatives* (New York: Teachers College, 2003).
3. D. A. Phillips and J. P. Shonkof, eds., *From Neurons to Neighborhoods: The Science of Early Childhood Development* (Washington, DC: National Academies Press, 2000); D. L. Kirp, *The Sandbox Investment: The Preschool Movement and KidsFirst Politics* (Cambridge, MA: Harvard University Press, 2009); J. J. Heckman, *Giving Kids a Fair Chance* (Cambridge, MA: MIT Press, 2013).
4. D. Kelemen, "The Magic of Mechanism: Explanation-Based Instruction on Counterintuitive Concepts in Early Childhood," *Perspectives on Psychological Science* 14, no. 4 (2019): 510–522.; D. Kelemen, N. A. Emmons, R. Seston Schillaci, and P. A. Ganea, "Young Children Can Be Taught Basic Natural Selection Using a Picture-Storybook Intervention," *Psychological Science* 25, no. 4 (2014): 893–902; T. Ruffman, L. Slade, and E. Crowe, "The Relation between Children's and Mothers' Mental State Language and Theory-of-Mind Understanding," *Child Development* 73, no. 3

(2002): 734–751.

5. E. Bonawitz, correspondence with author, 2018.
6. Deborah Loewenberg Ball, "Mathematical Knowledge for Teaching," video, accessible at https://www.youtube.com/watch?v=leasL_kk8XM.
7. William Pene du Bois, *Lion* (New York: Viking Press, 1956).
8. C. E. Snow, "Academic Language and the Challenge of Reading for Learning about Science," *Science* 328, no. 5977 (2010): 450–452; C. E. Snow, P. Uccelli, and C. White, "The Conditions for and Significance of Children's Acquisition of Academic Language," unpublished manuscript; B. A. Fonseca and M. T. Chi, "Instruction Based on Self-Explanation," in *Handbook of Research on Learning and Instruction*, eds. R. E. Mayer and P. A. Alexander, 296–321 (New York: Routledge, 2011); J. Riley and D. Reedy, "Developing Young Children's Thinking through Learning to Write Argument," *Journal of Early Childhood Literacy* 5, no. 1 (2005): 29–51.
9. S. Sengupta, "Becoming Greta: 'Invisible Girl' to Global Climate Activist, with Bumps along the Way," *New York Times*, February 18, 2019.

致 谢

在我写作此书时,一些朋友和同事给了我非常宝贵的帮助。他们提供了新信息、思考问题的新角度和强烈的反对意见。一些人甚至可能没有意识到他们在帮助我。我要感谢凯瑟琳·科里沃、凯茜·埃里克森(Kathy Erickson)、史蒂夫·费恩(Steve Fein)、霍华德·加德纳(Howard Gardner)、保罗·哈里斯、克里斯·穆尔(Chris Moore)、莱拉·鲁希(Leyla Rouhi)、杰诺·托平(Jenno Topping)以及参与我的研讨课"探寻、发明和思想"的学生。特别感谢惠特尼·桑福德,他为这个项目的许多方面付出了大量精力。

和之前一样,我要感谢众多孩子、家长和老师,他们让我得以走进他们的生活,并了解他们的思想。没有他们,我就无法完成现在的工作。我要特别感谢罗杰·博尔顿,他在 20 多年前首次向我讲述了他的童年。这些年,他那引人入胜的描述一直萦绕在我的脑海里。当我恳请他讲述更多事情时,他欣然同意。

我要感谢编辑安德鲁·金尼（Andrew Kinney），他为写就本书提供了方方面面的帮助。他拥有高超的本领，能够充分理解作者想要表达的东西，并使之表达得更好。像他这样的编辑非常难得，与他合作真是我的荣幸。我要感谢专注而细致的编辑朱莉娅·柯比（Julia Kirby），她编辑了本书最后的手稿，做了很大的润色。

感谢杰克·莱文（Jake Levin）、希尔卡·格兰茨曼（Silka Glanzman）、威尔·莱文（Will Levin）、妮科尔·坎帕纳莱（Nicole Campanale）和萨姆·莱文（Sam Levin），他们为我提供了无数对话，帮助我思考我的想法。

在我写作此书时，世界上发生了许多坏事，但也发生了两件非常美好的事情，那就是我的孙子亨利·莱文和孙女莉娜·莱文的诞生。我把本书献给他们。